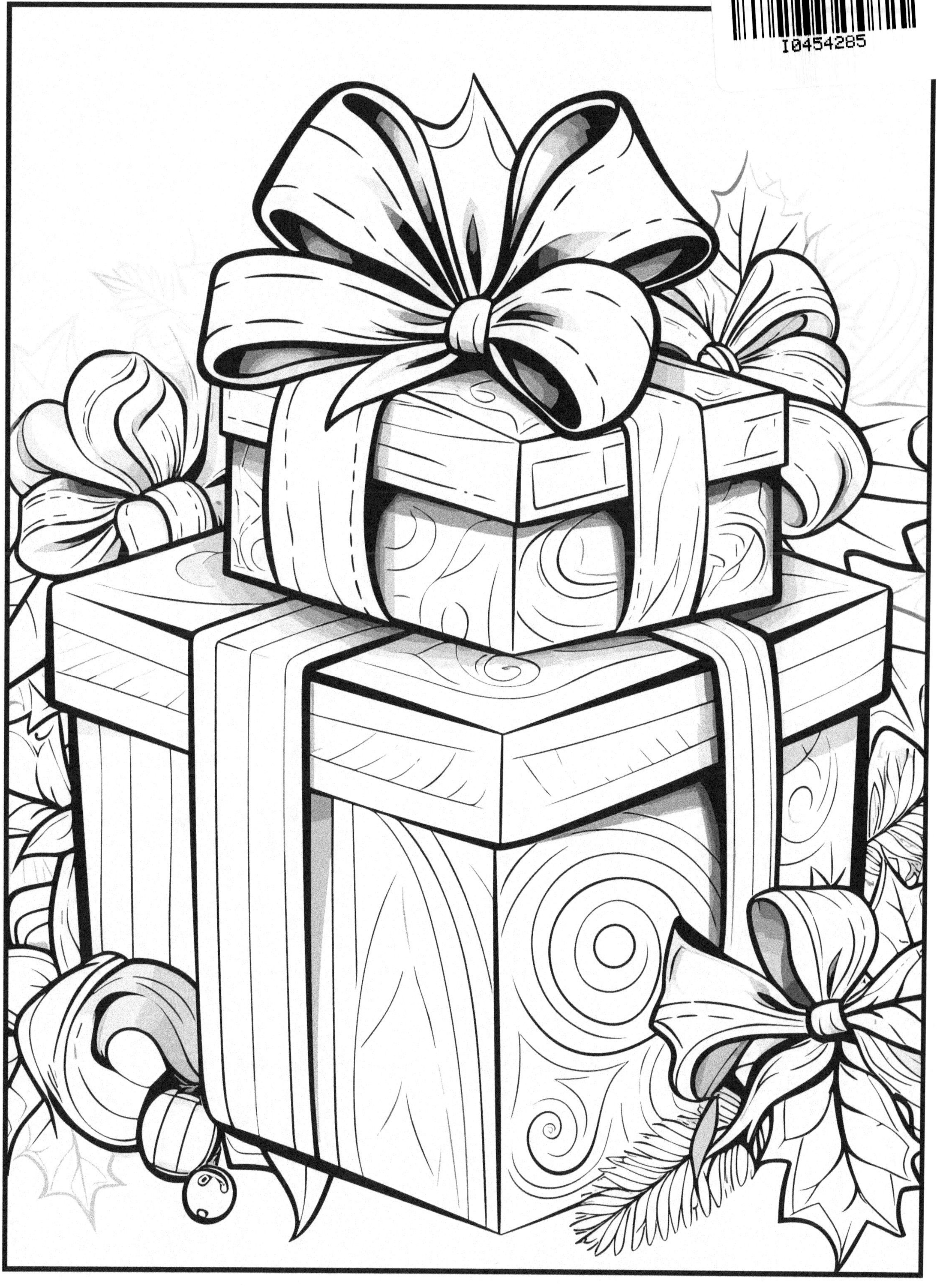

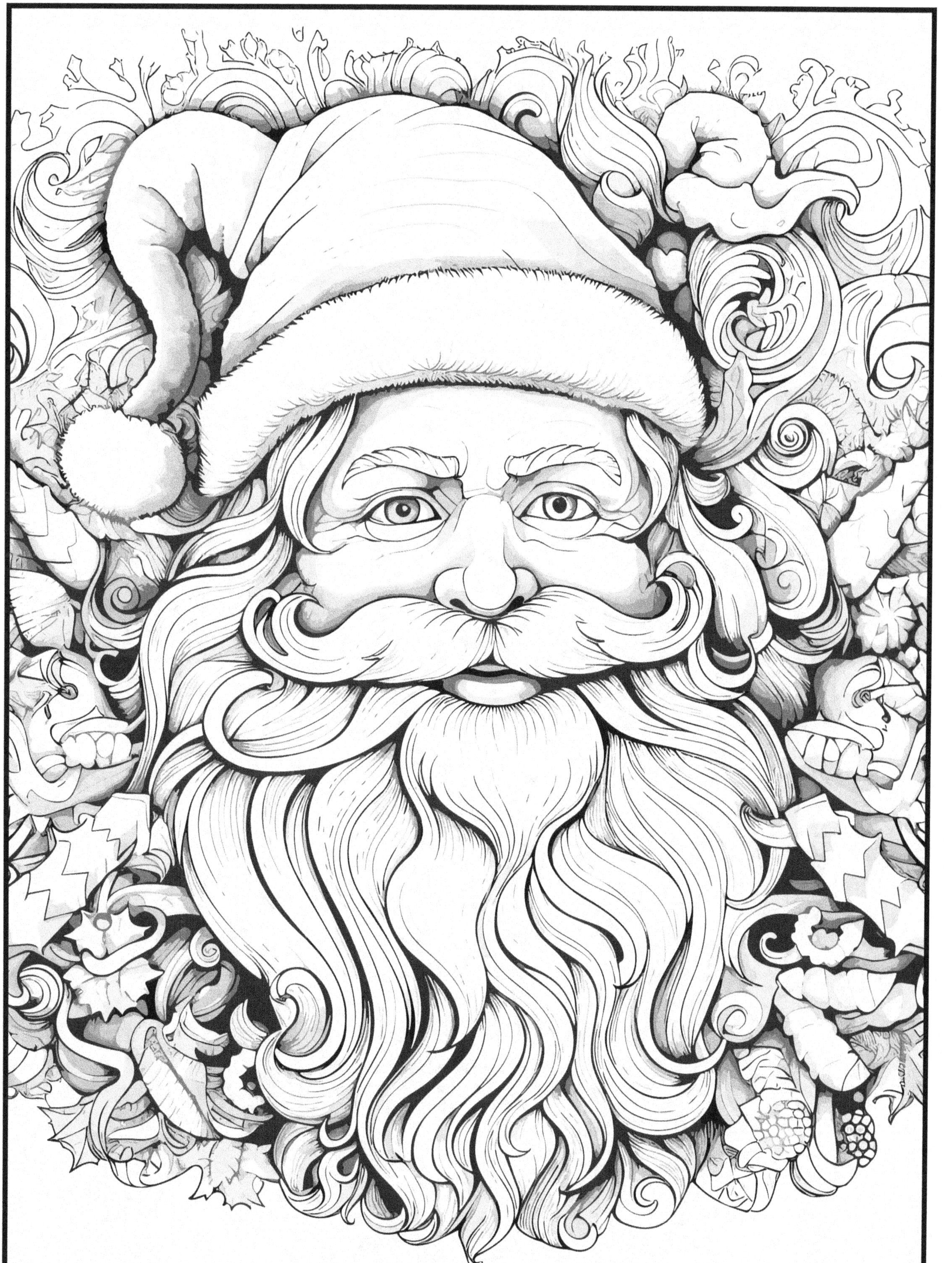

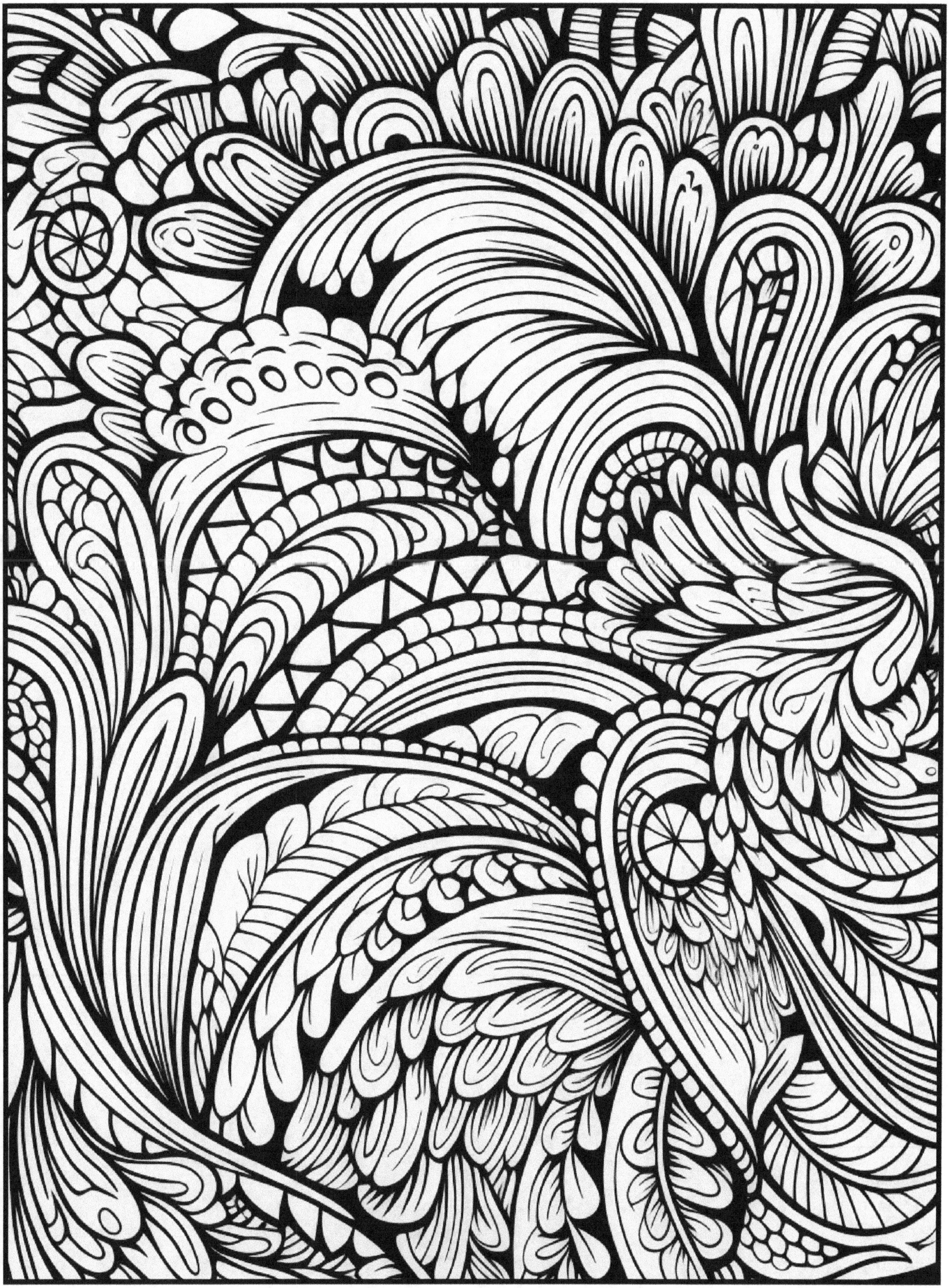

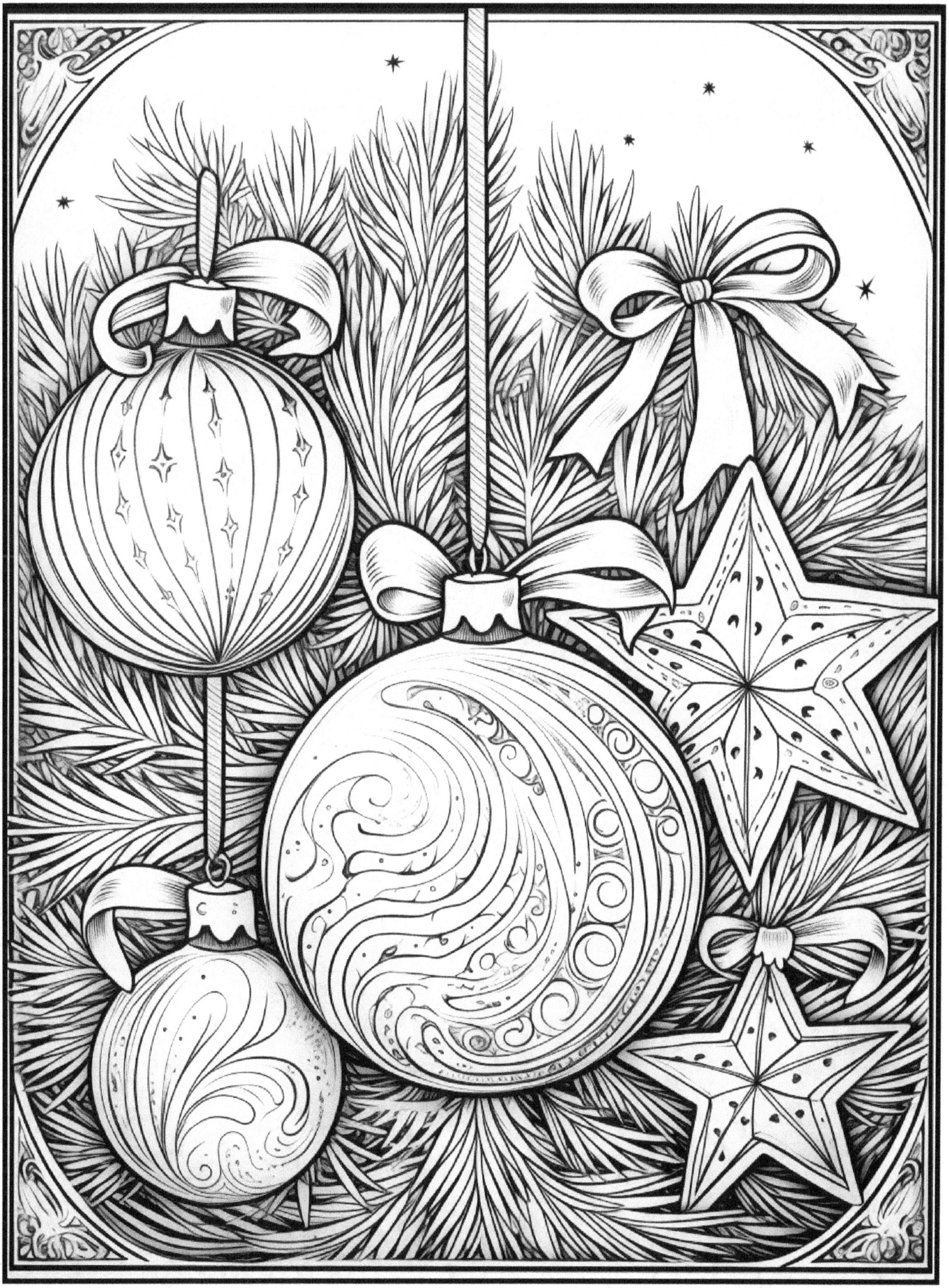

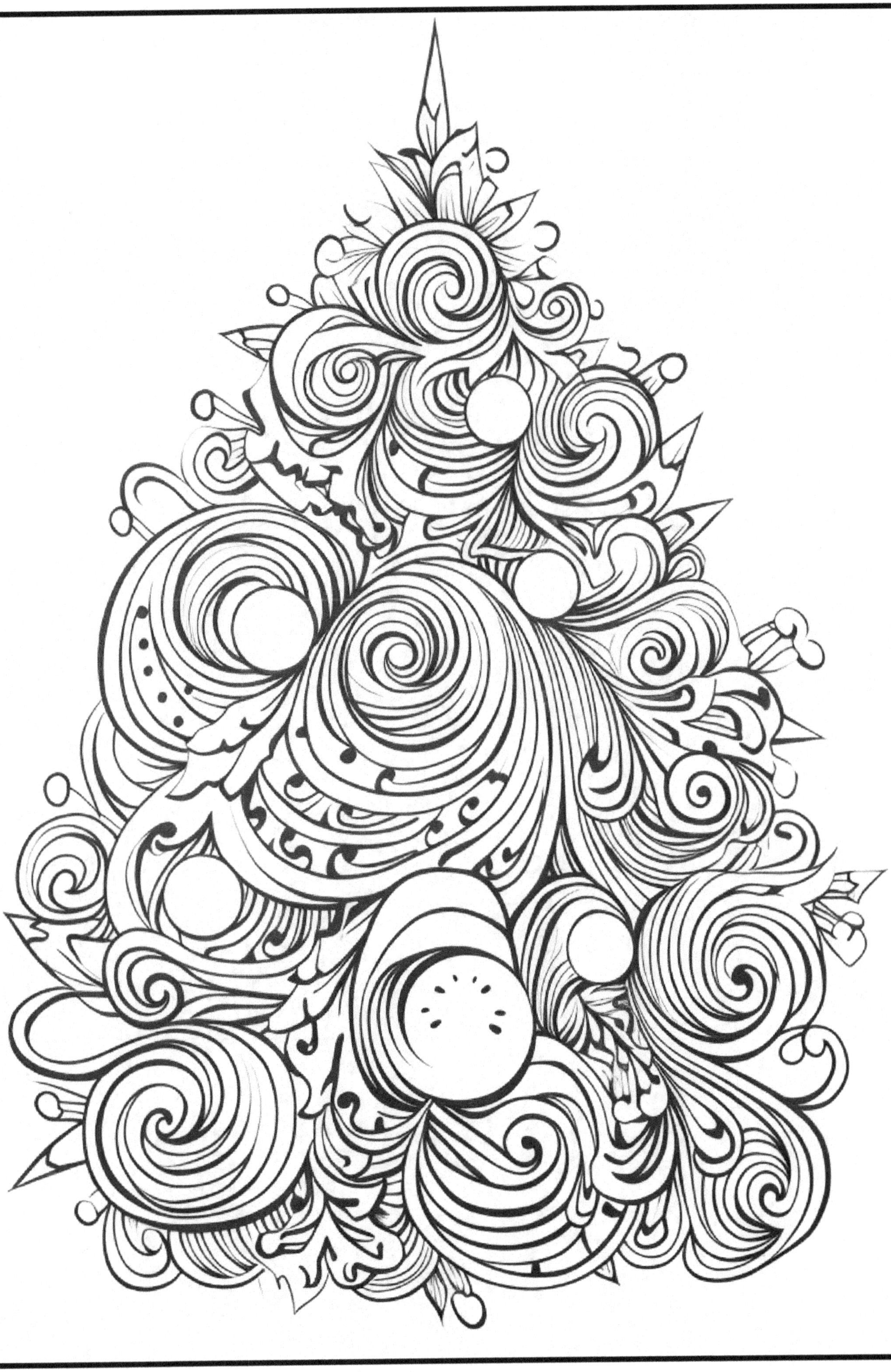

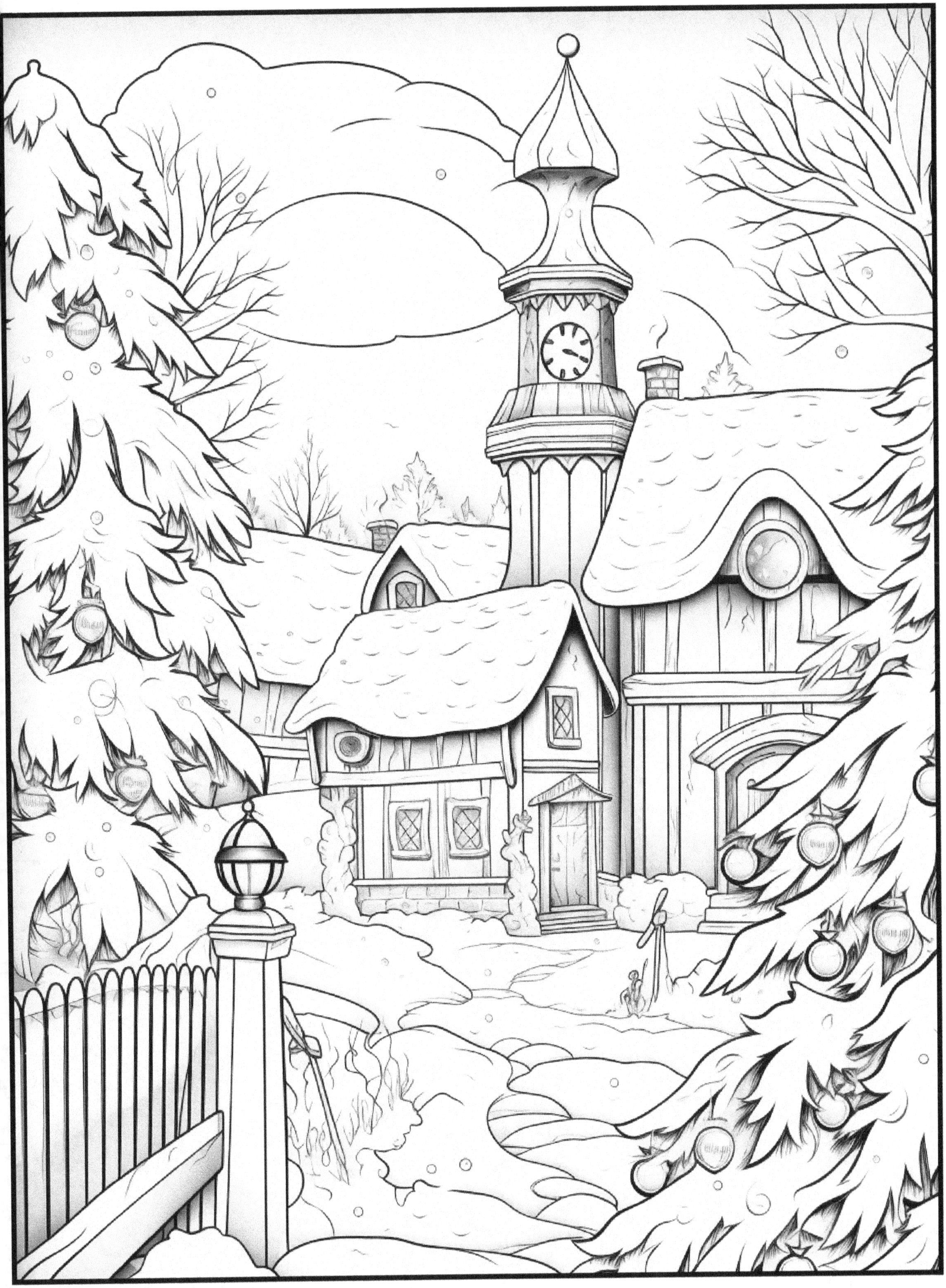

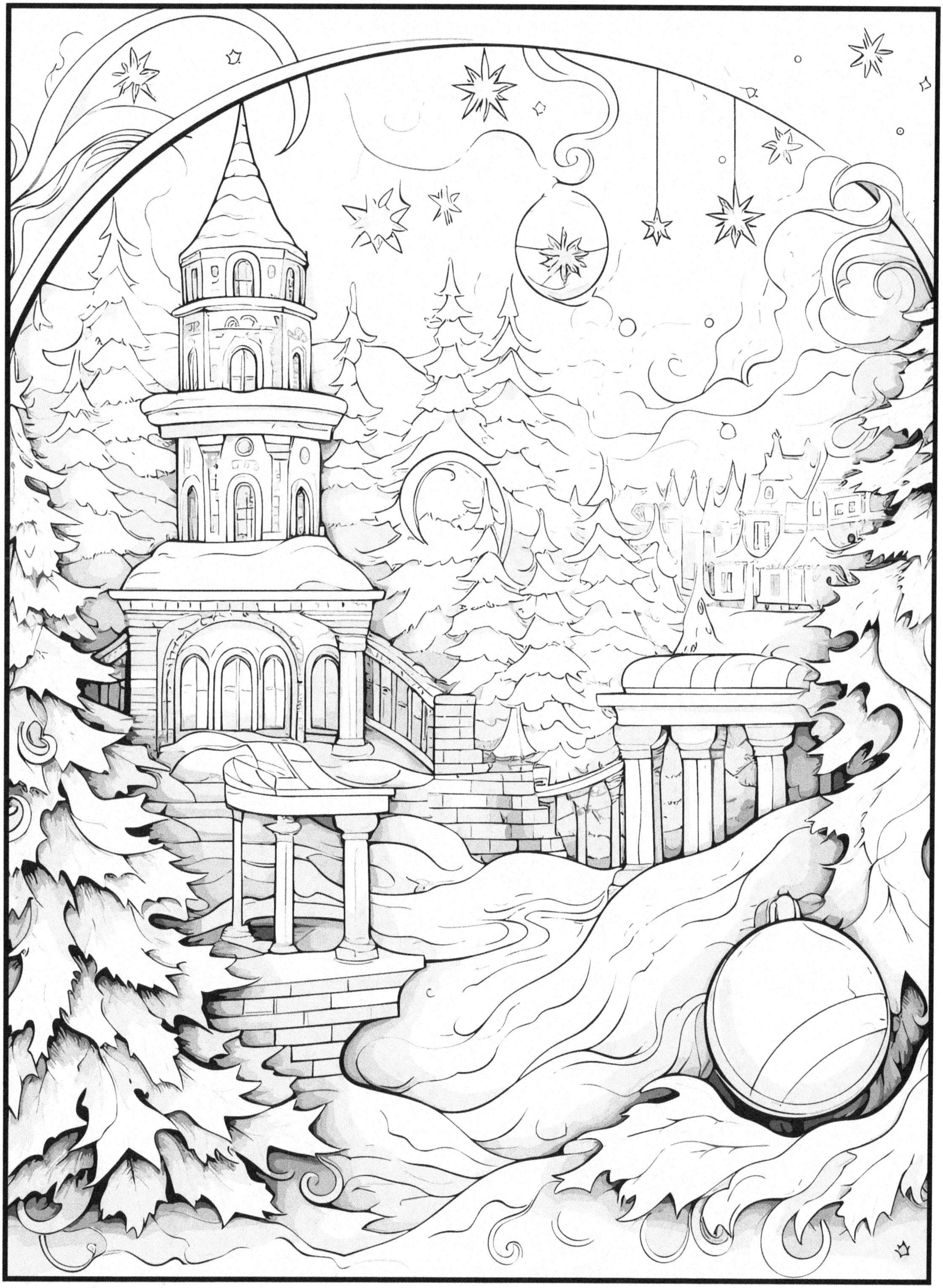

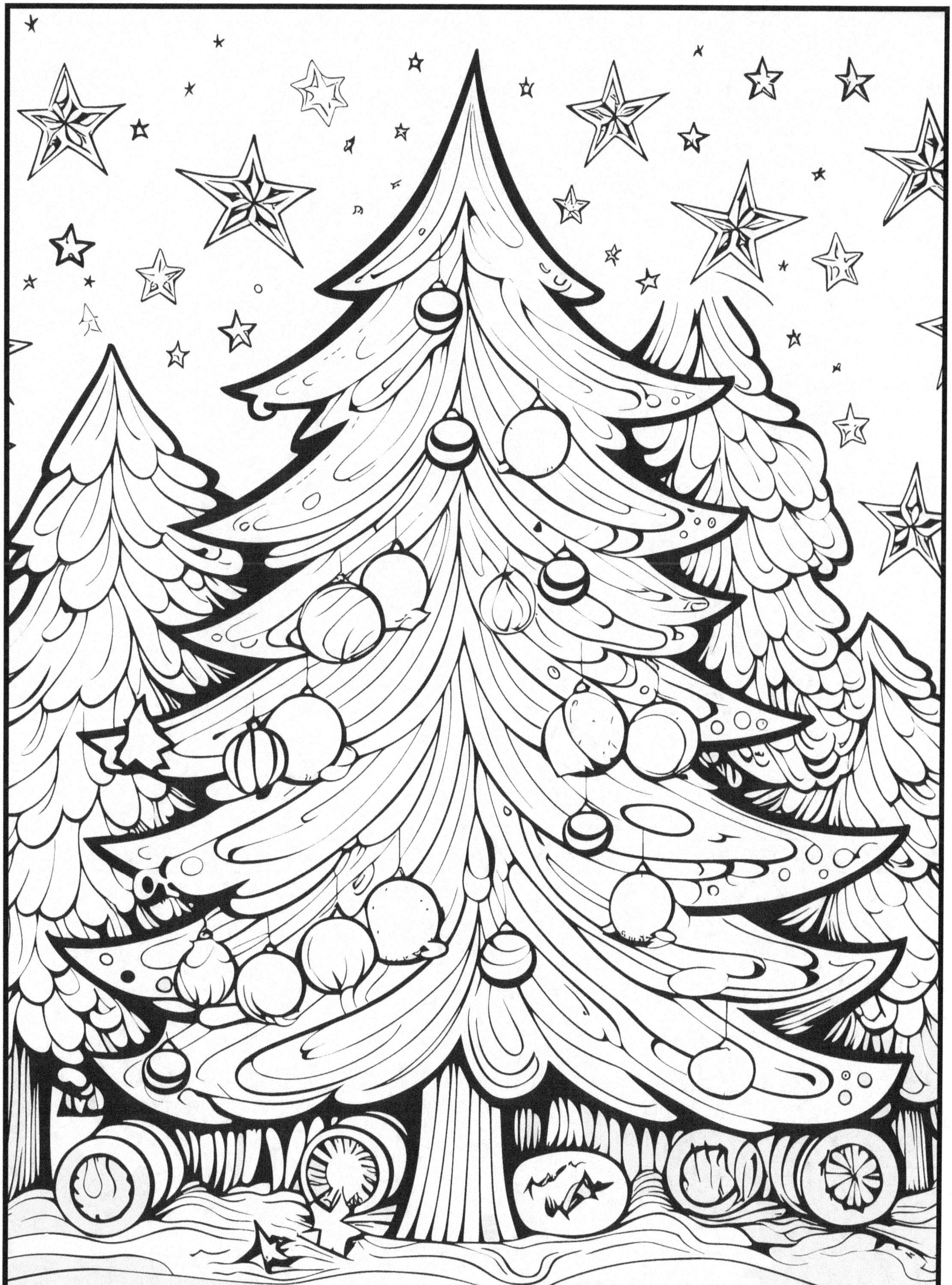

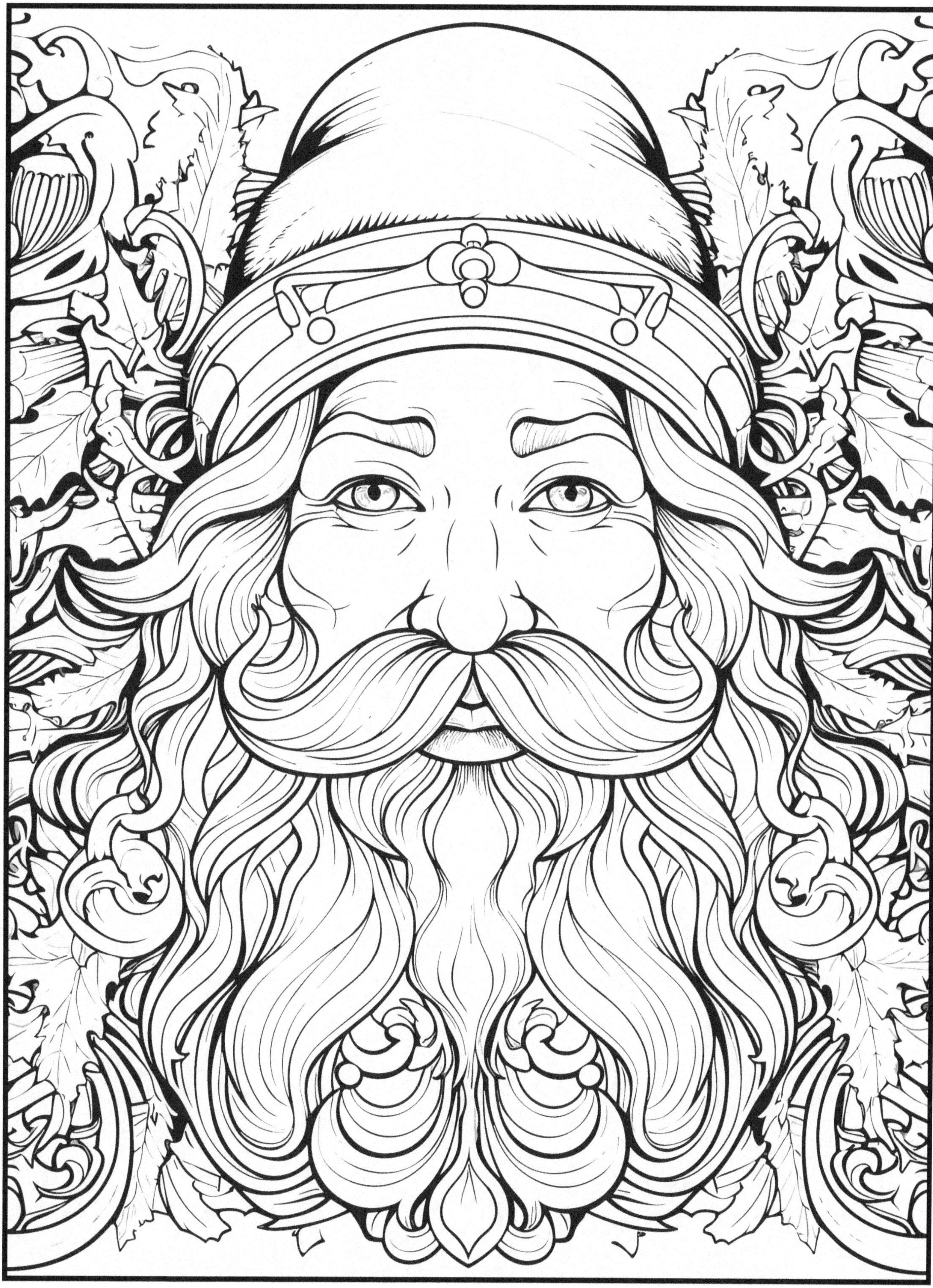

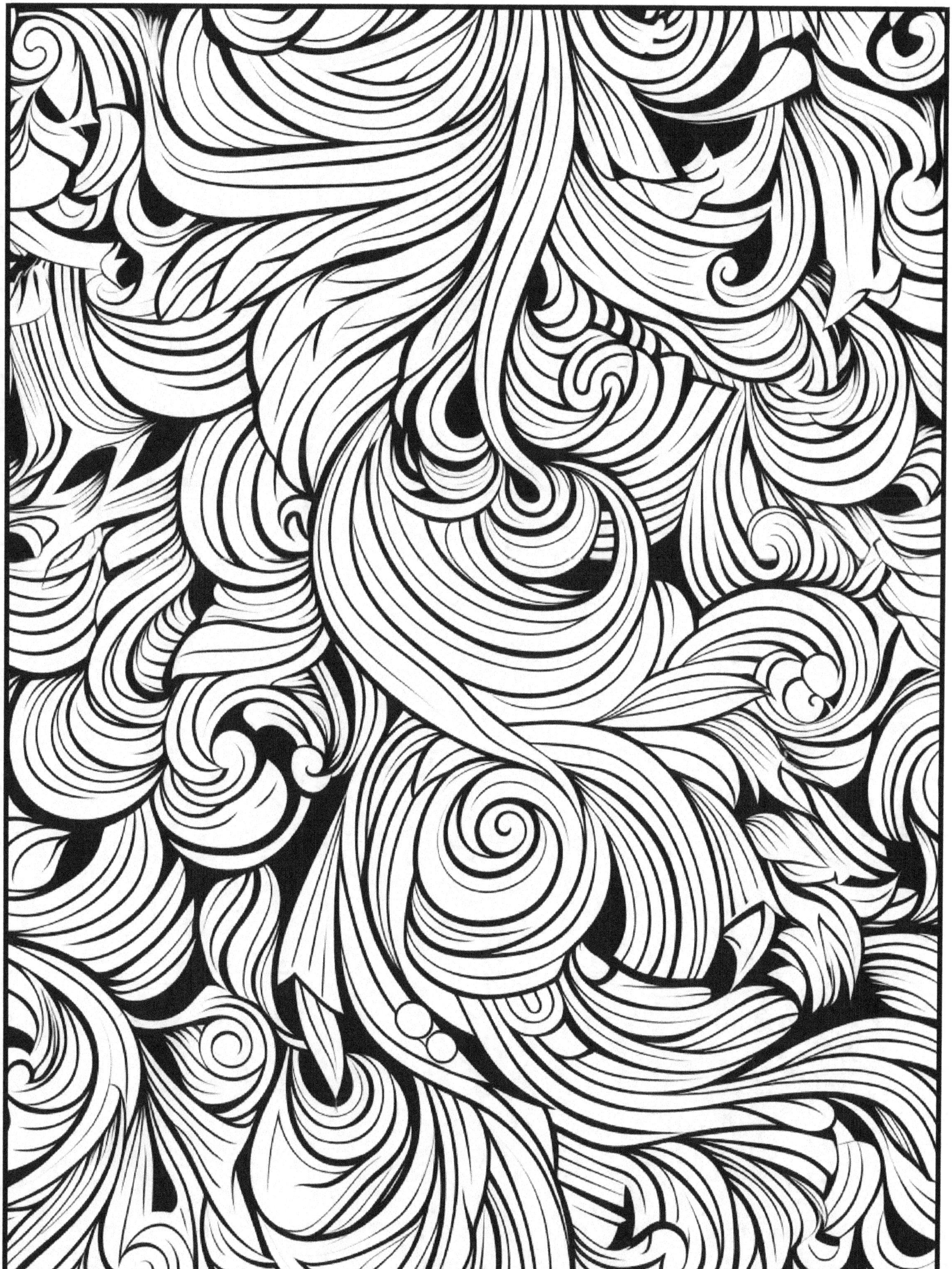

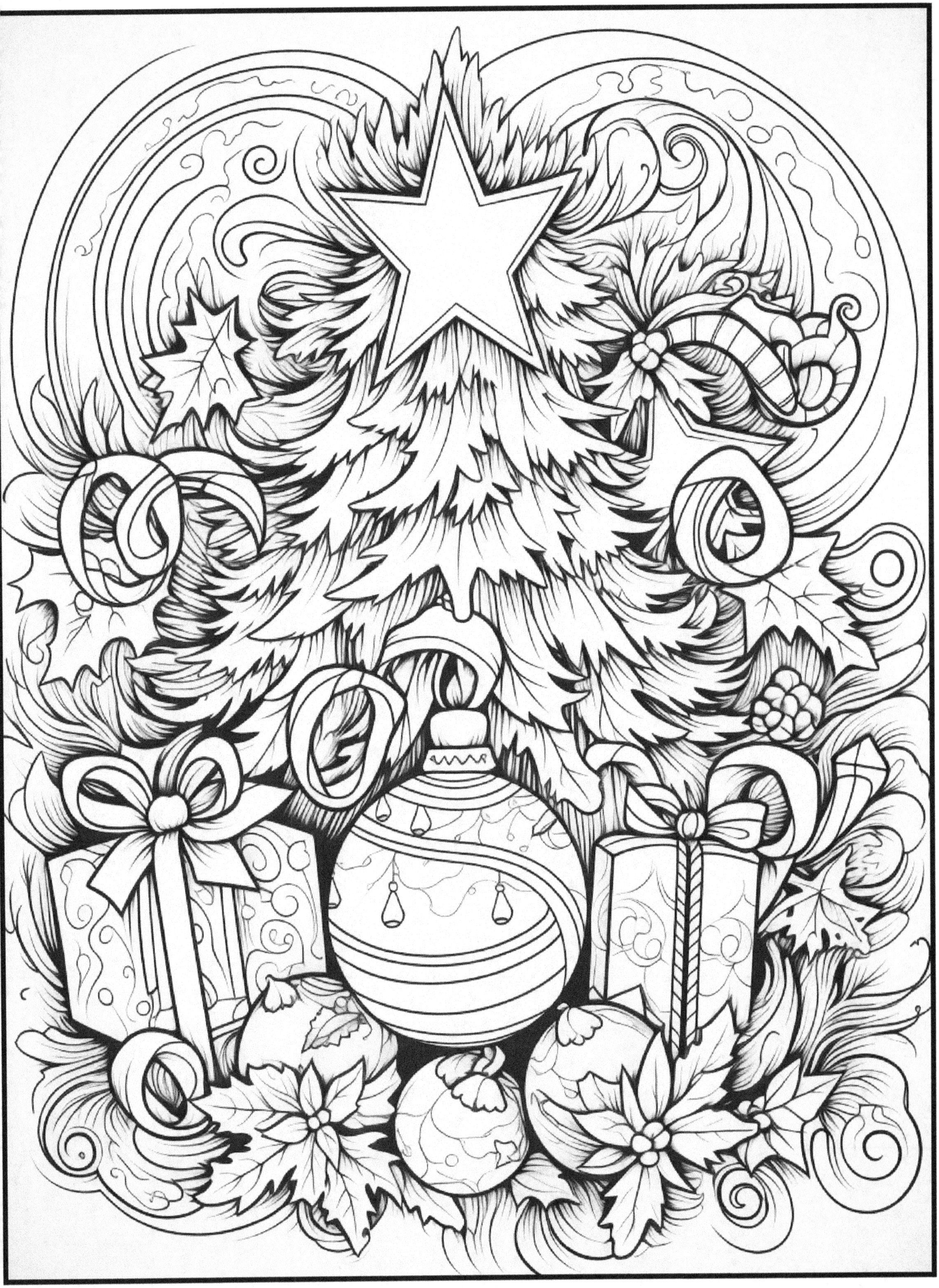

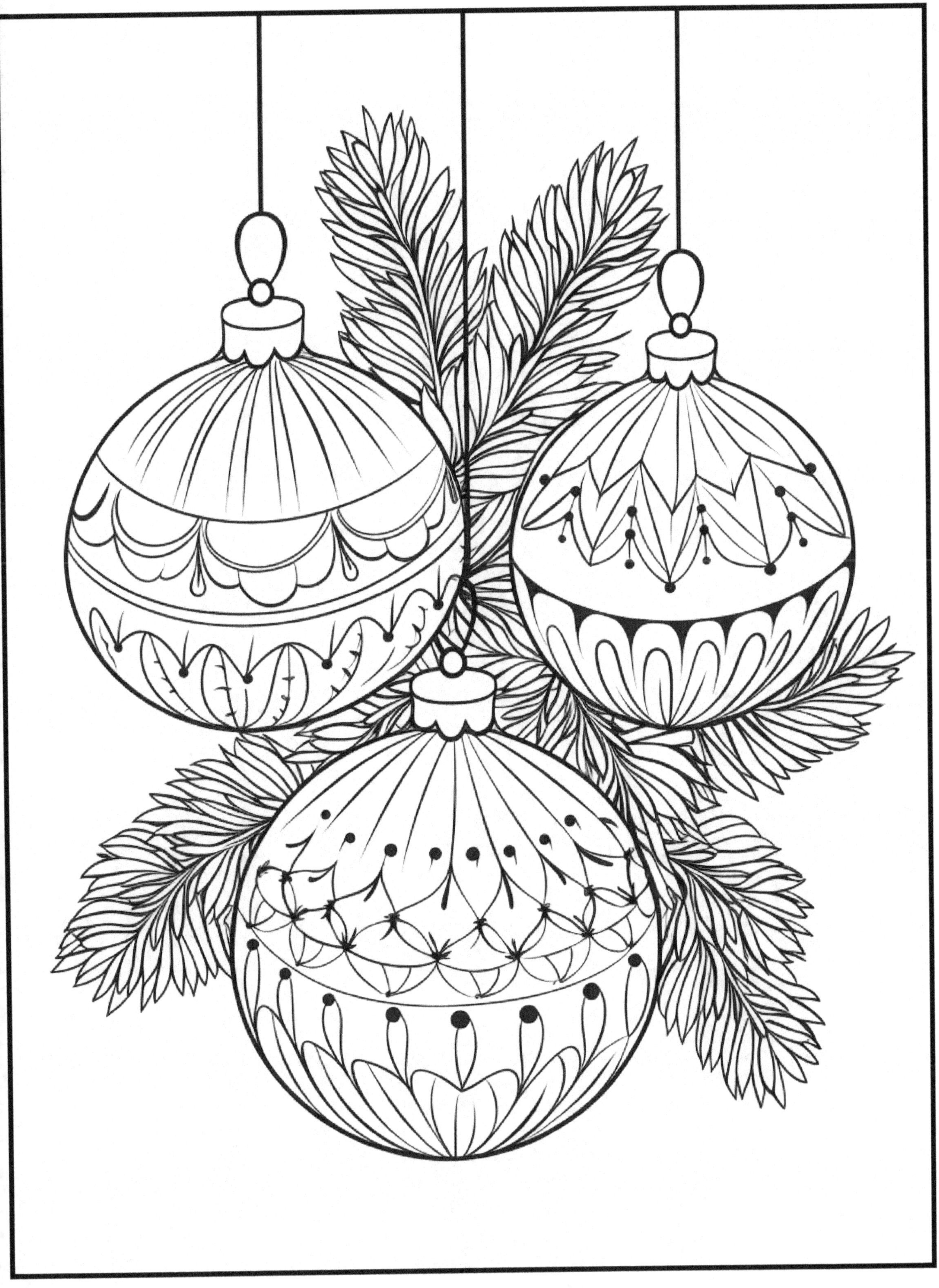

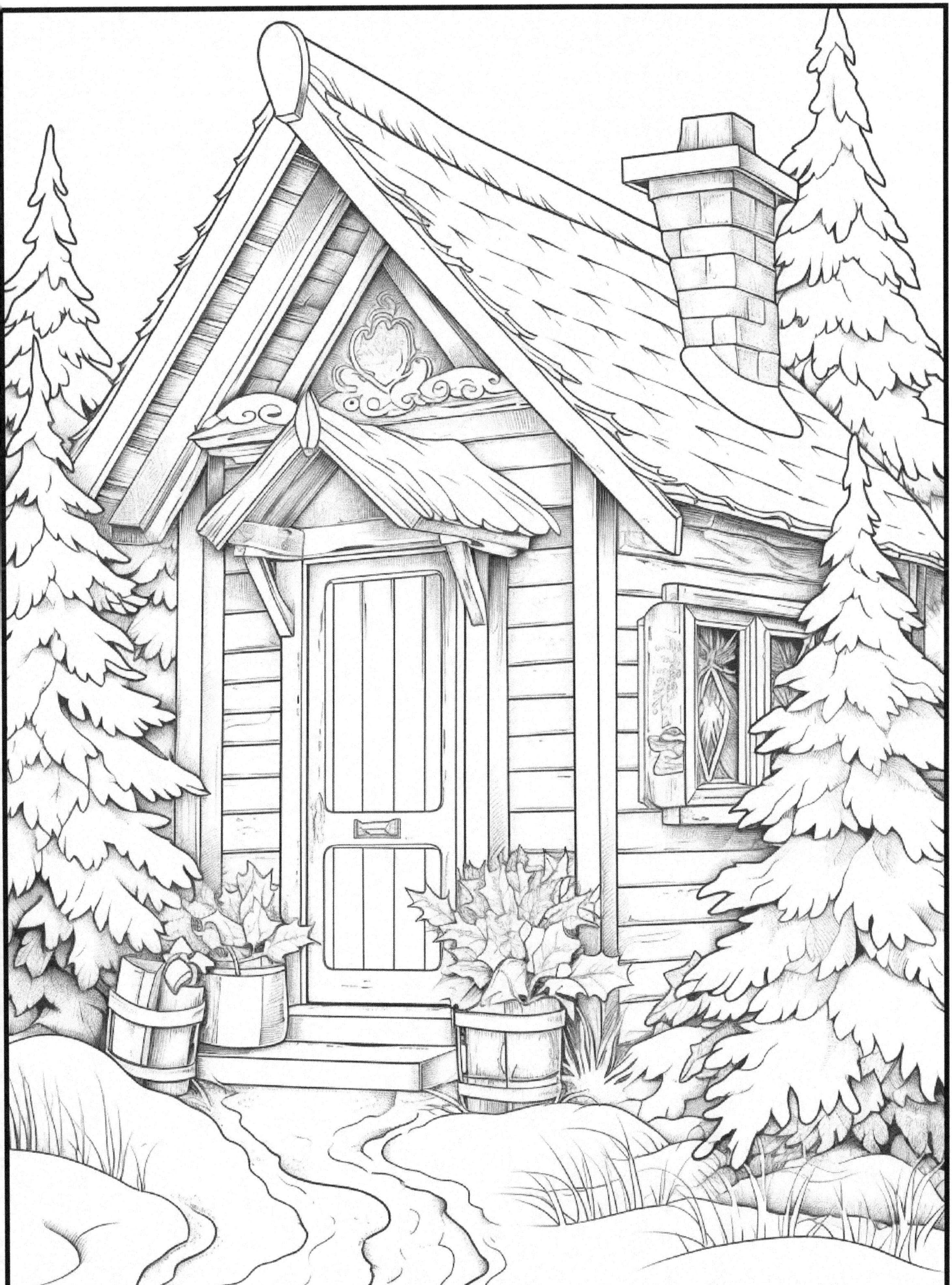

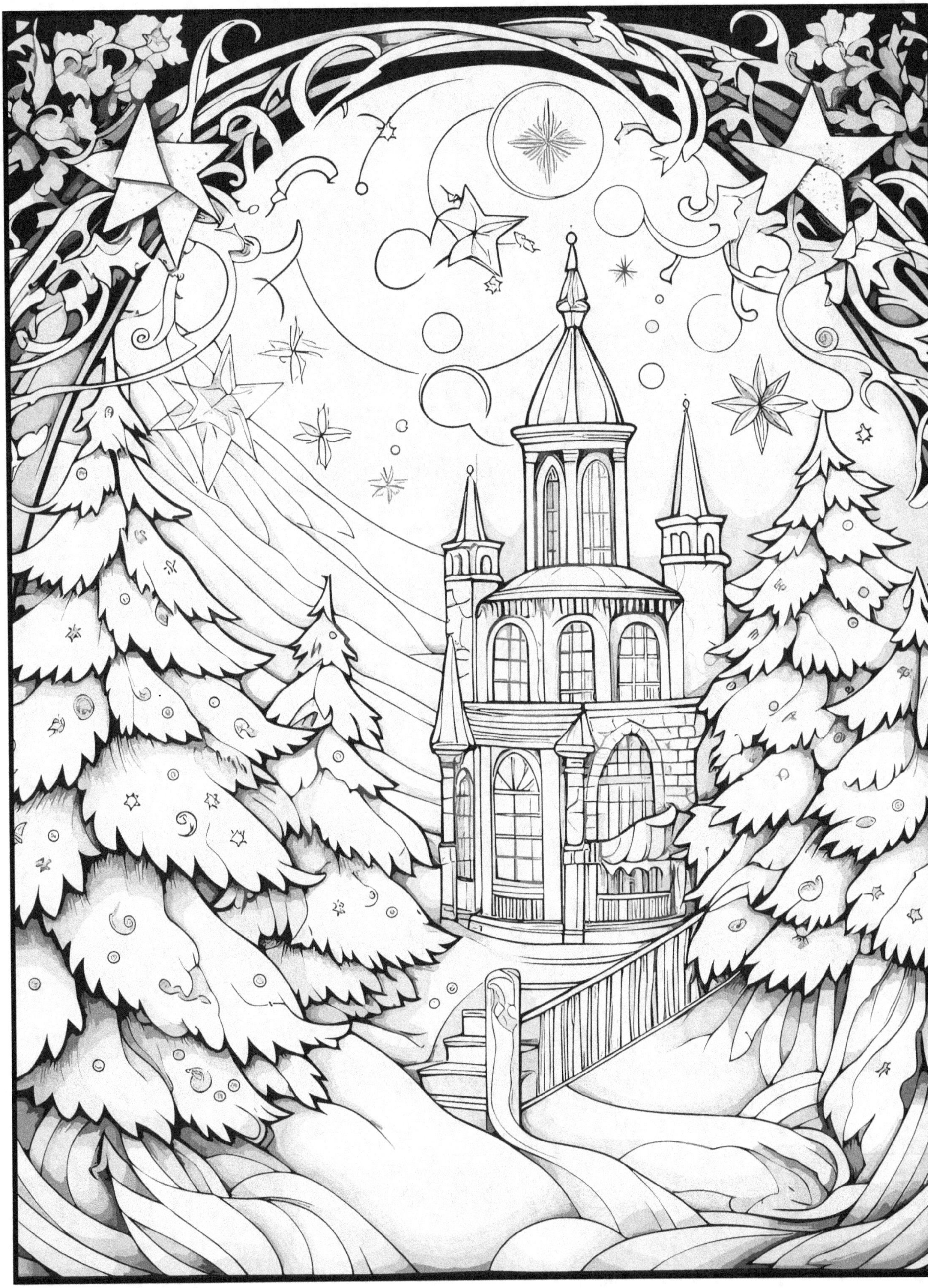

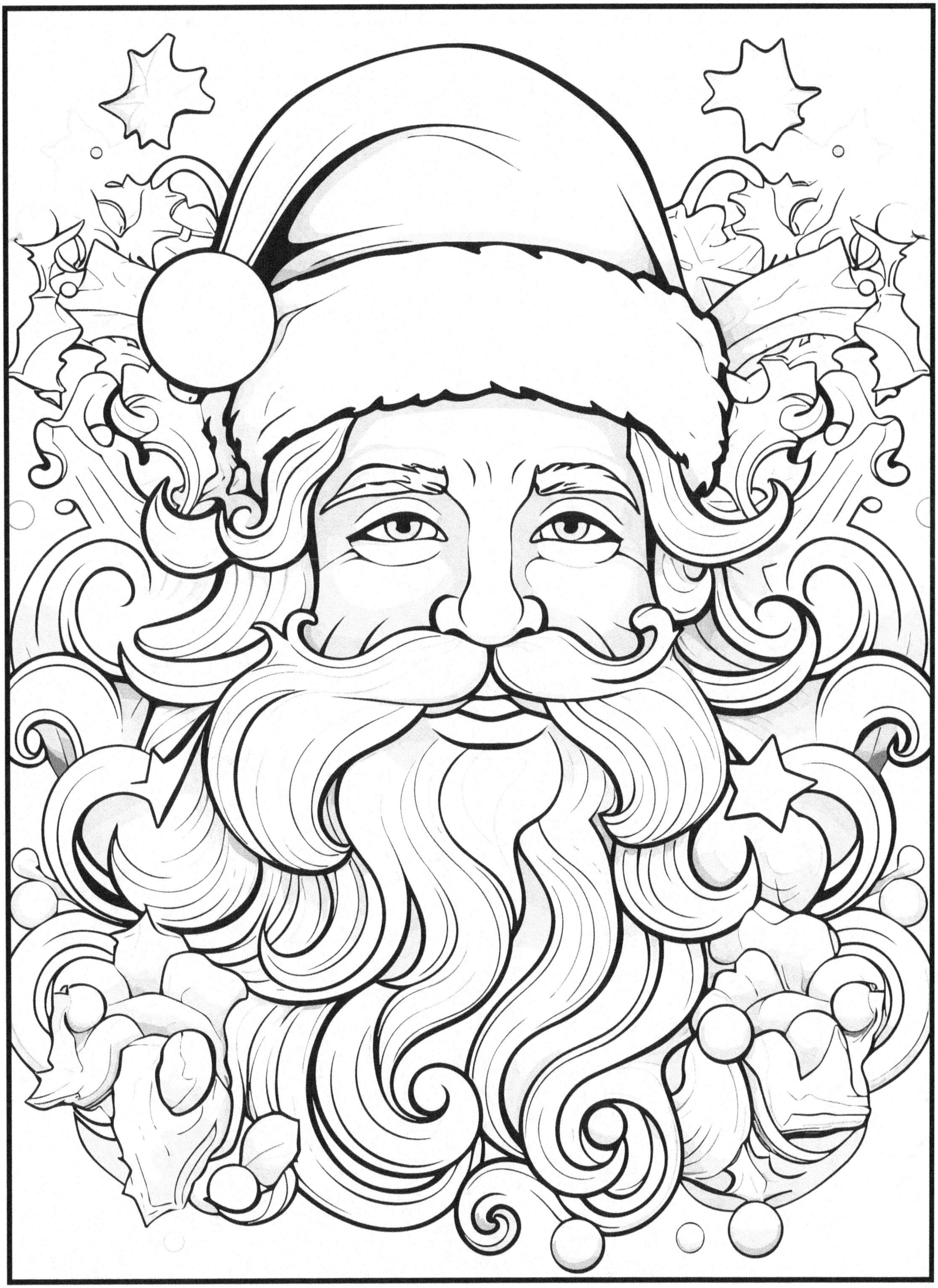

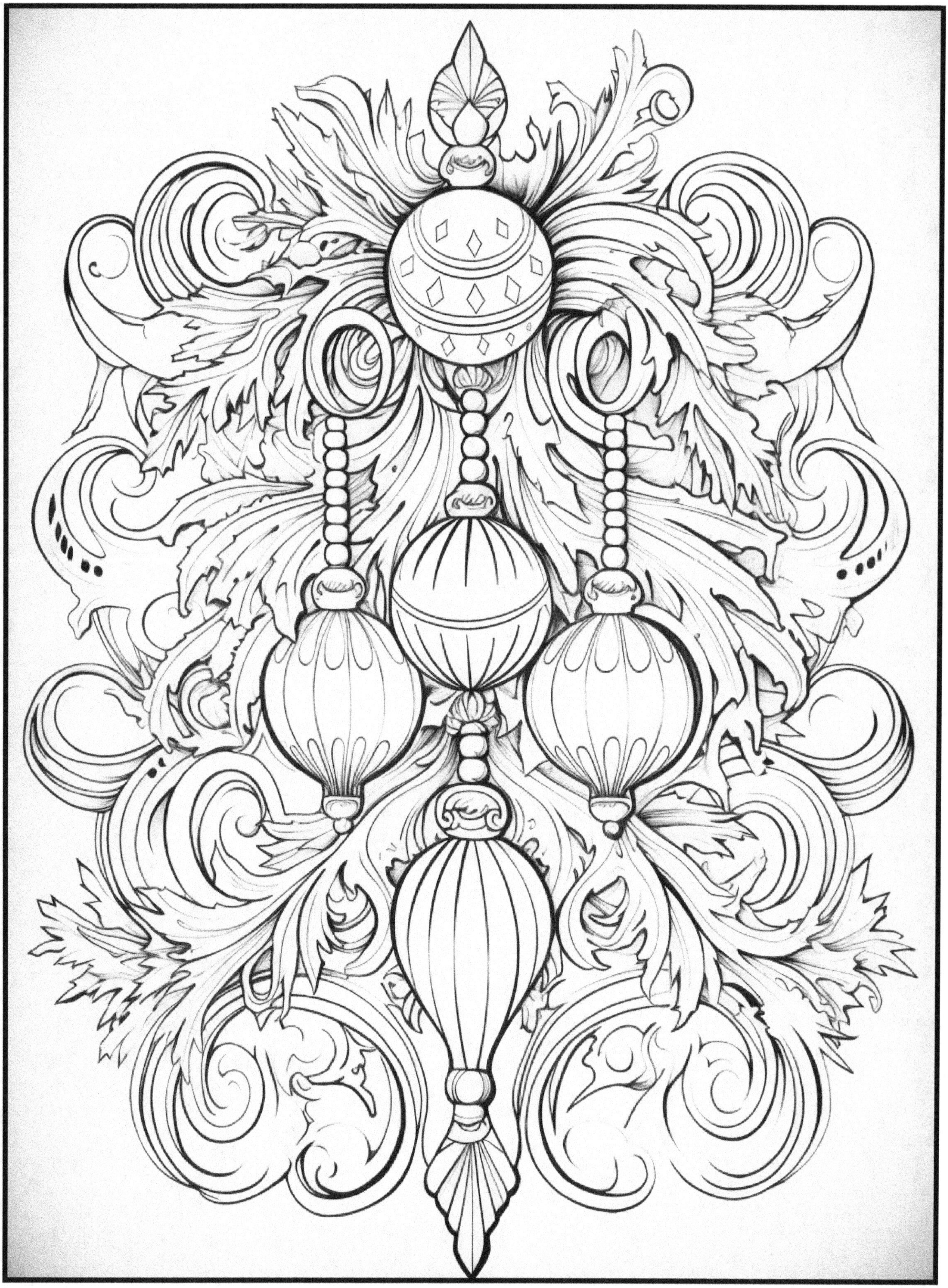

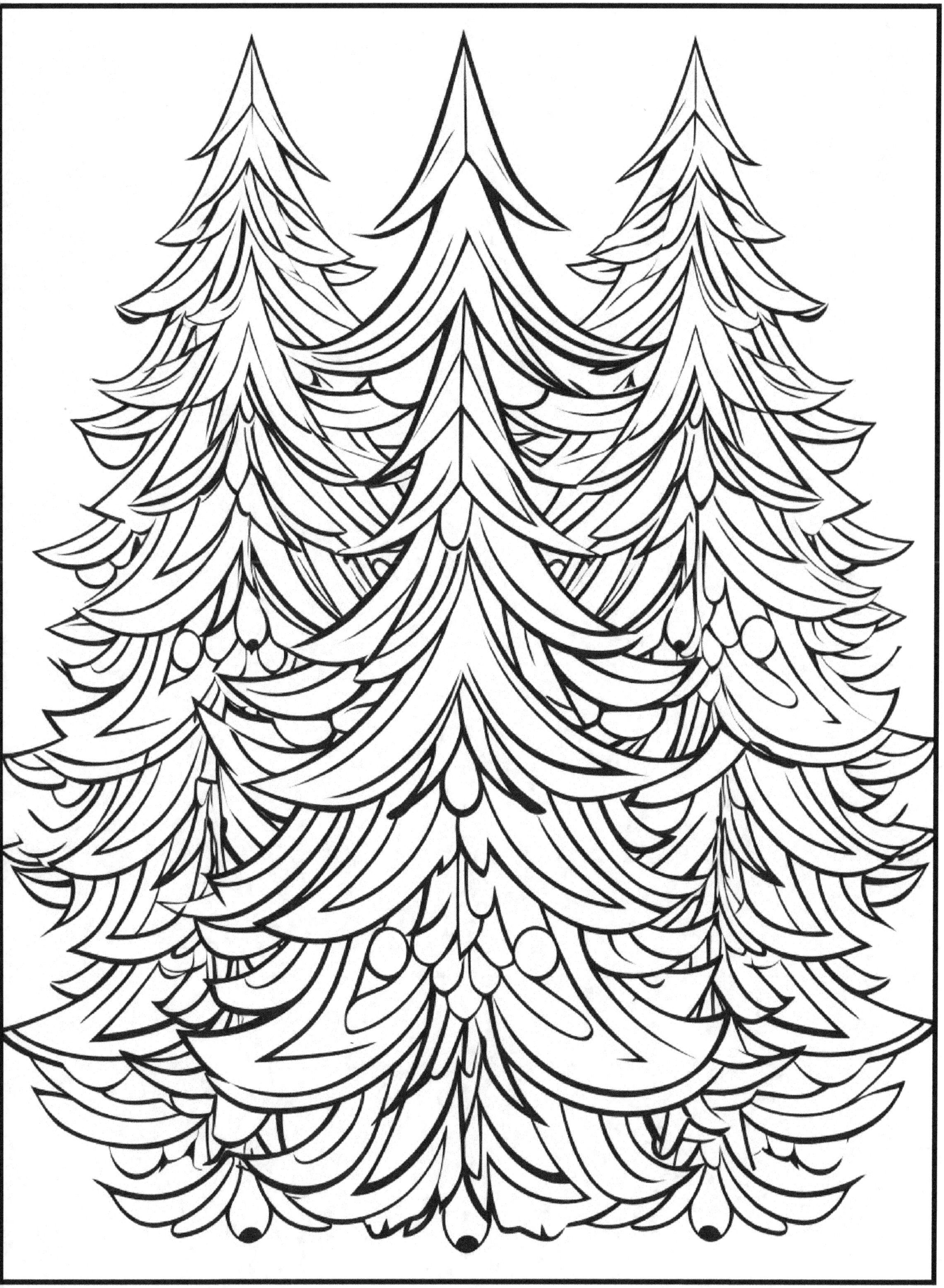

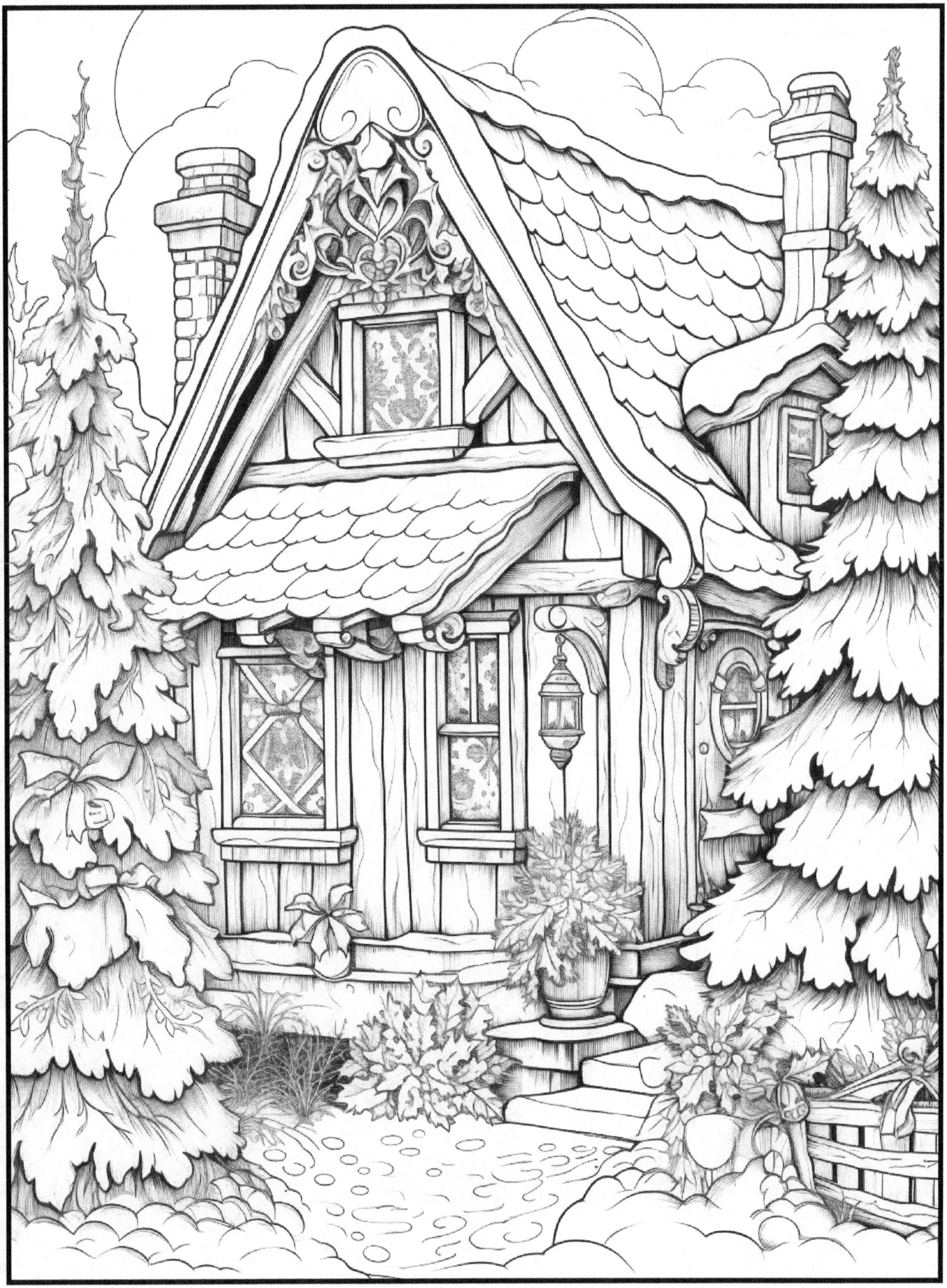

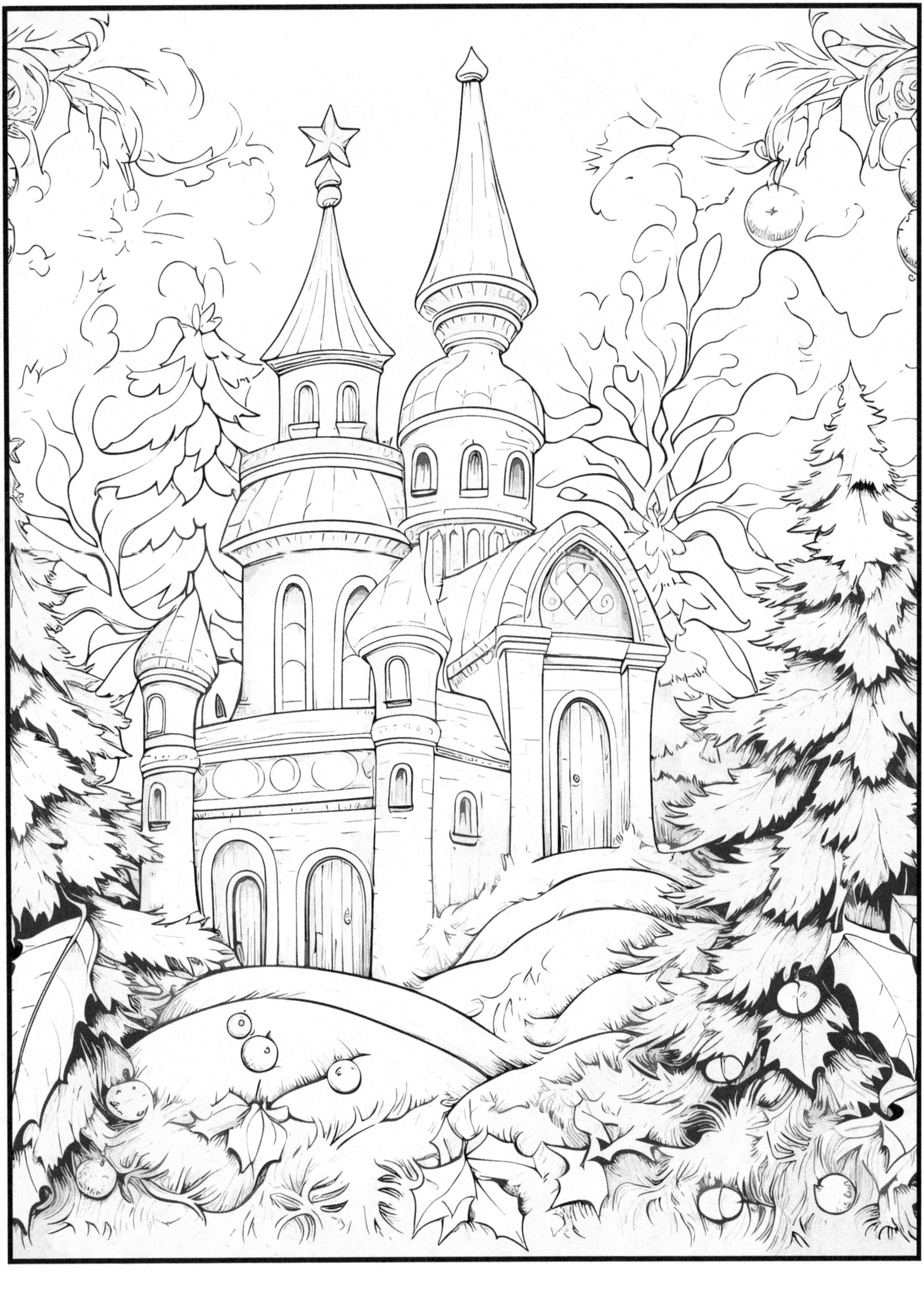

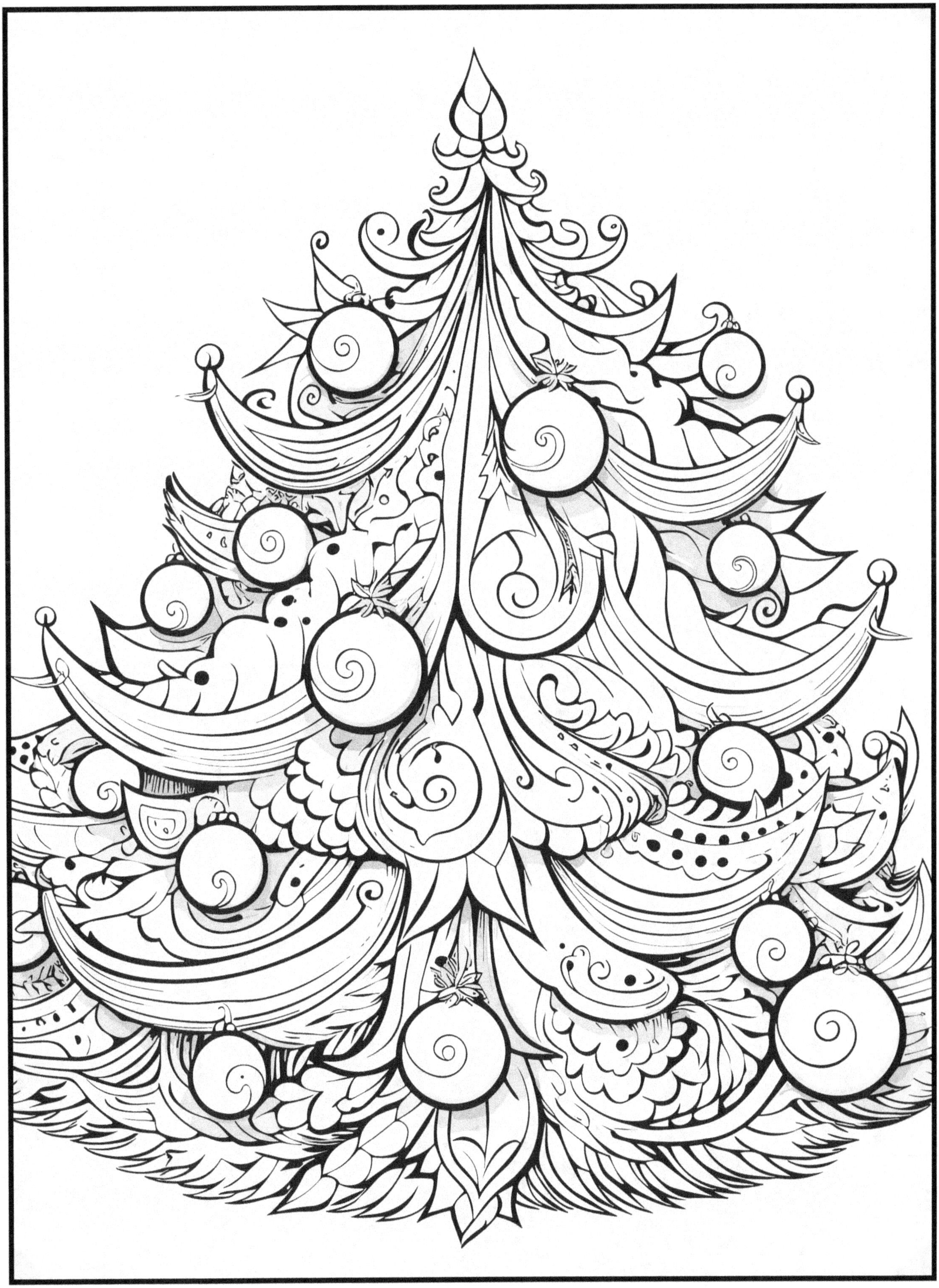

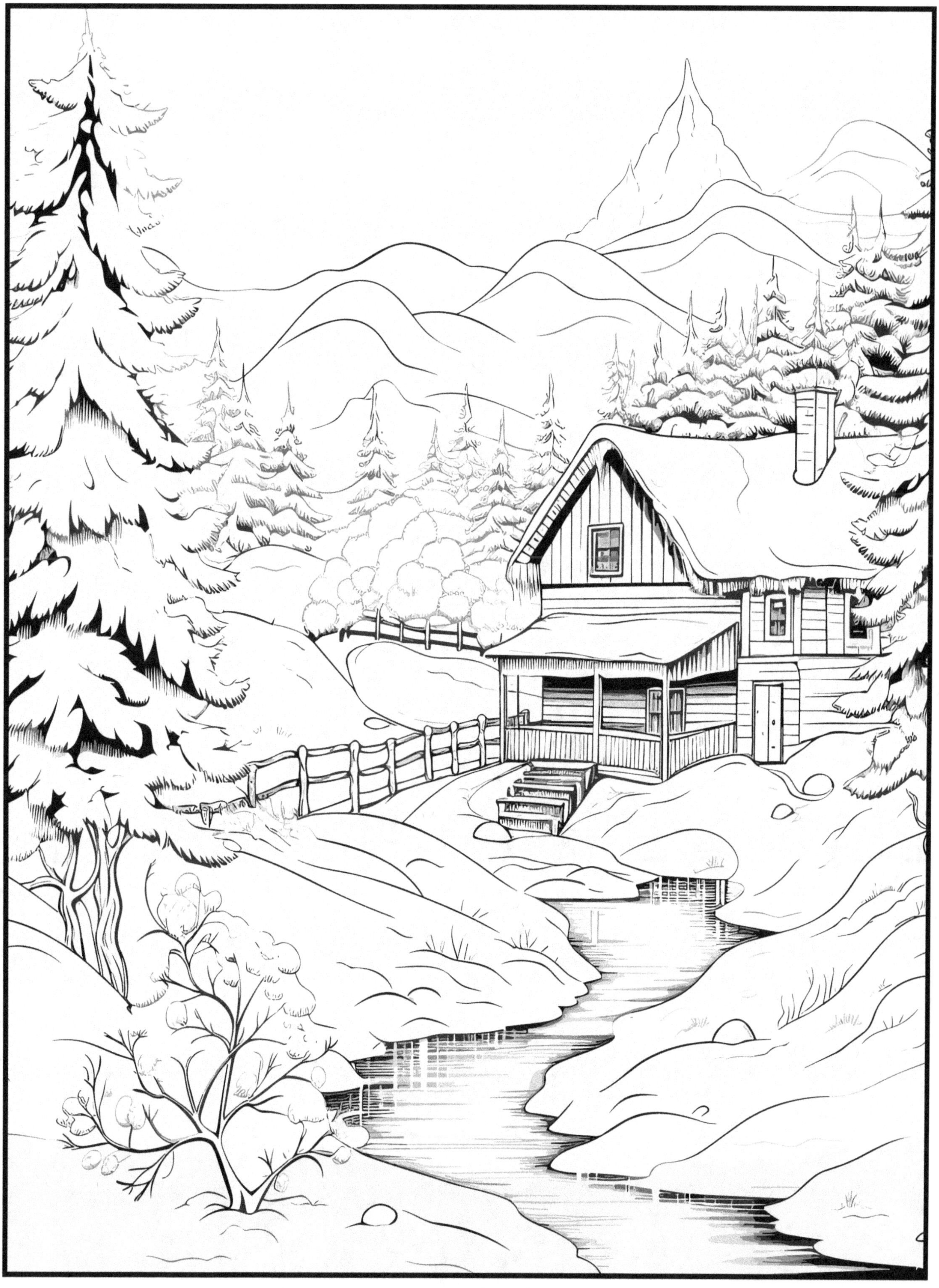

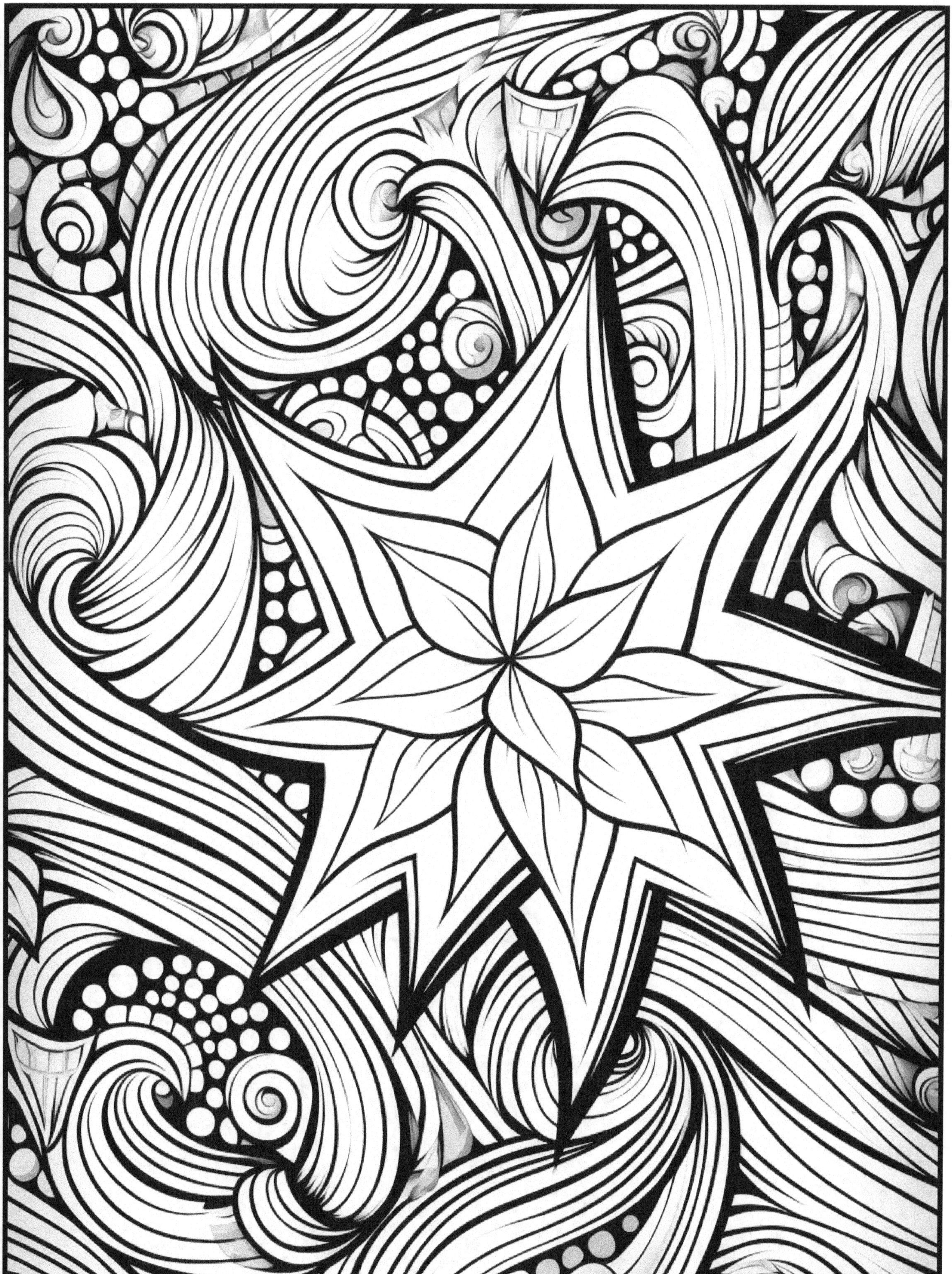

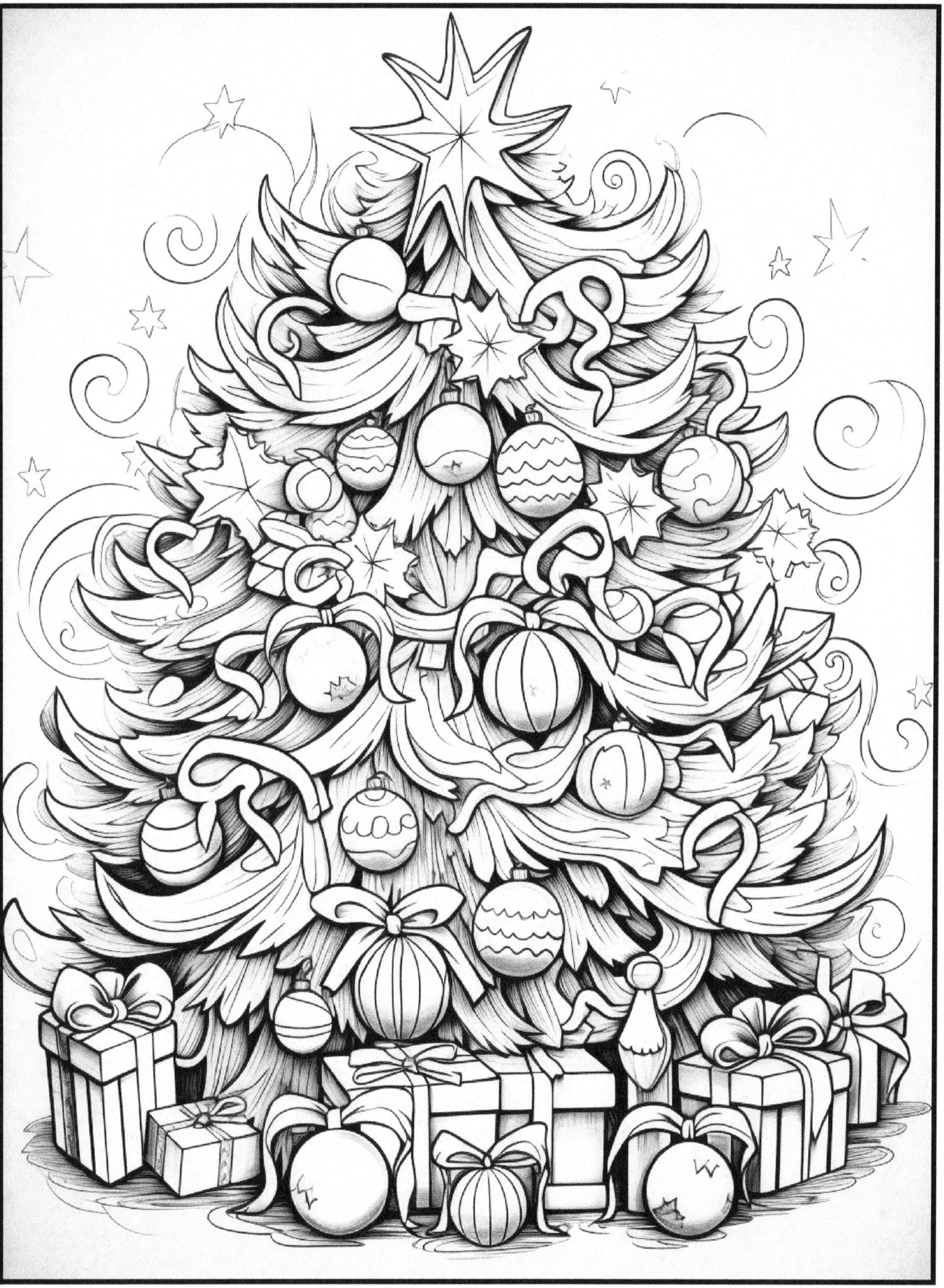

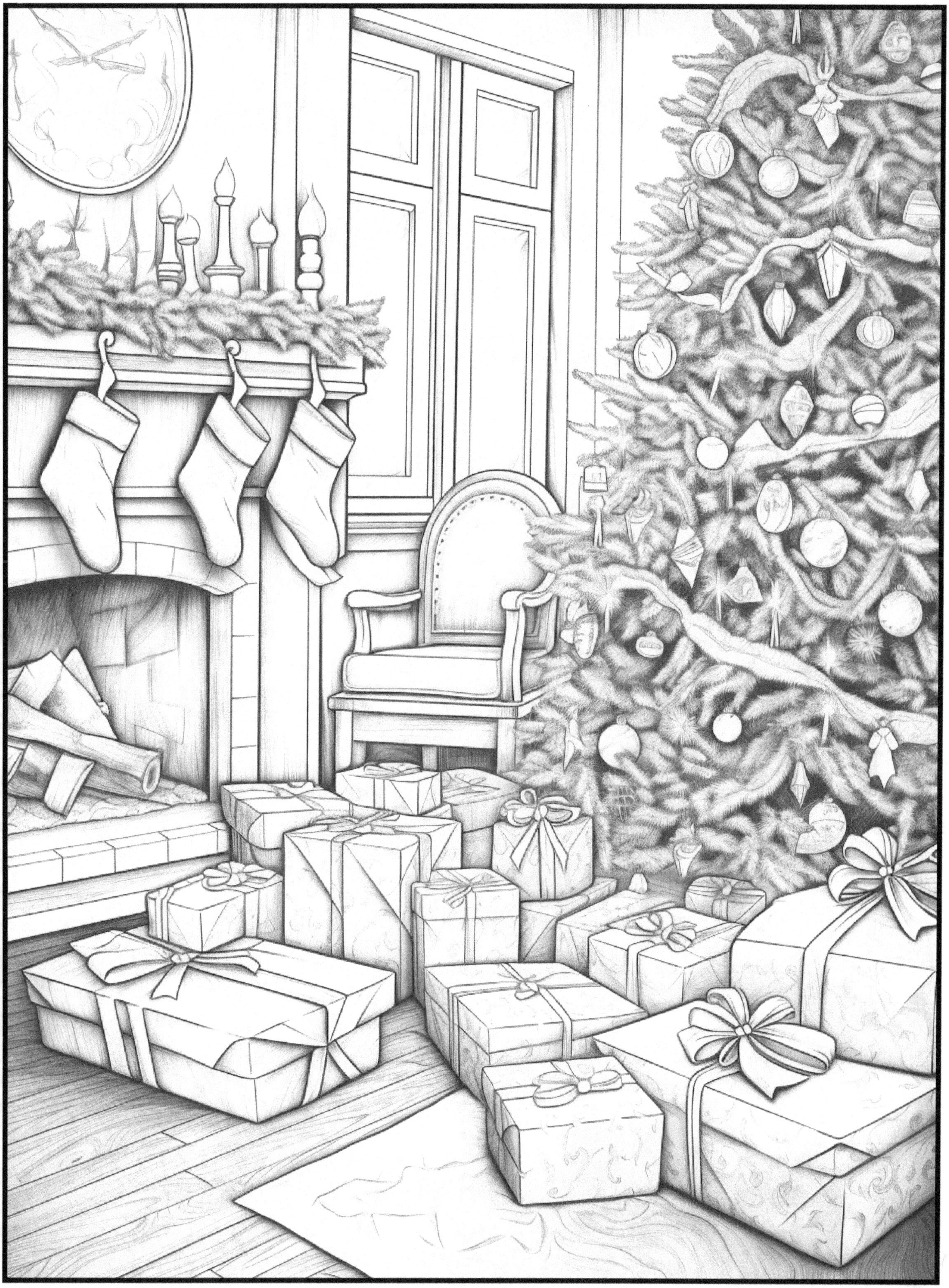

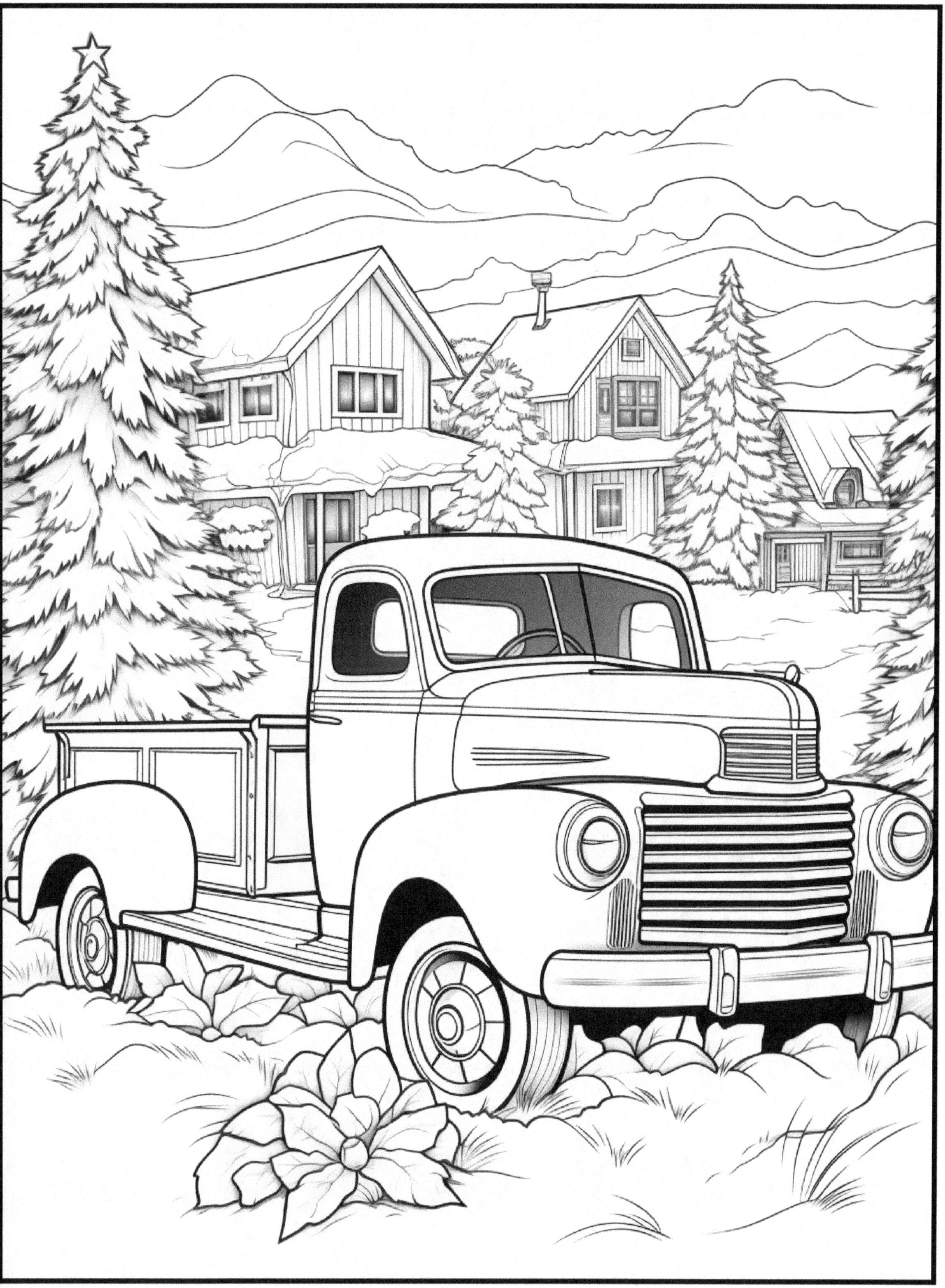

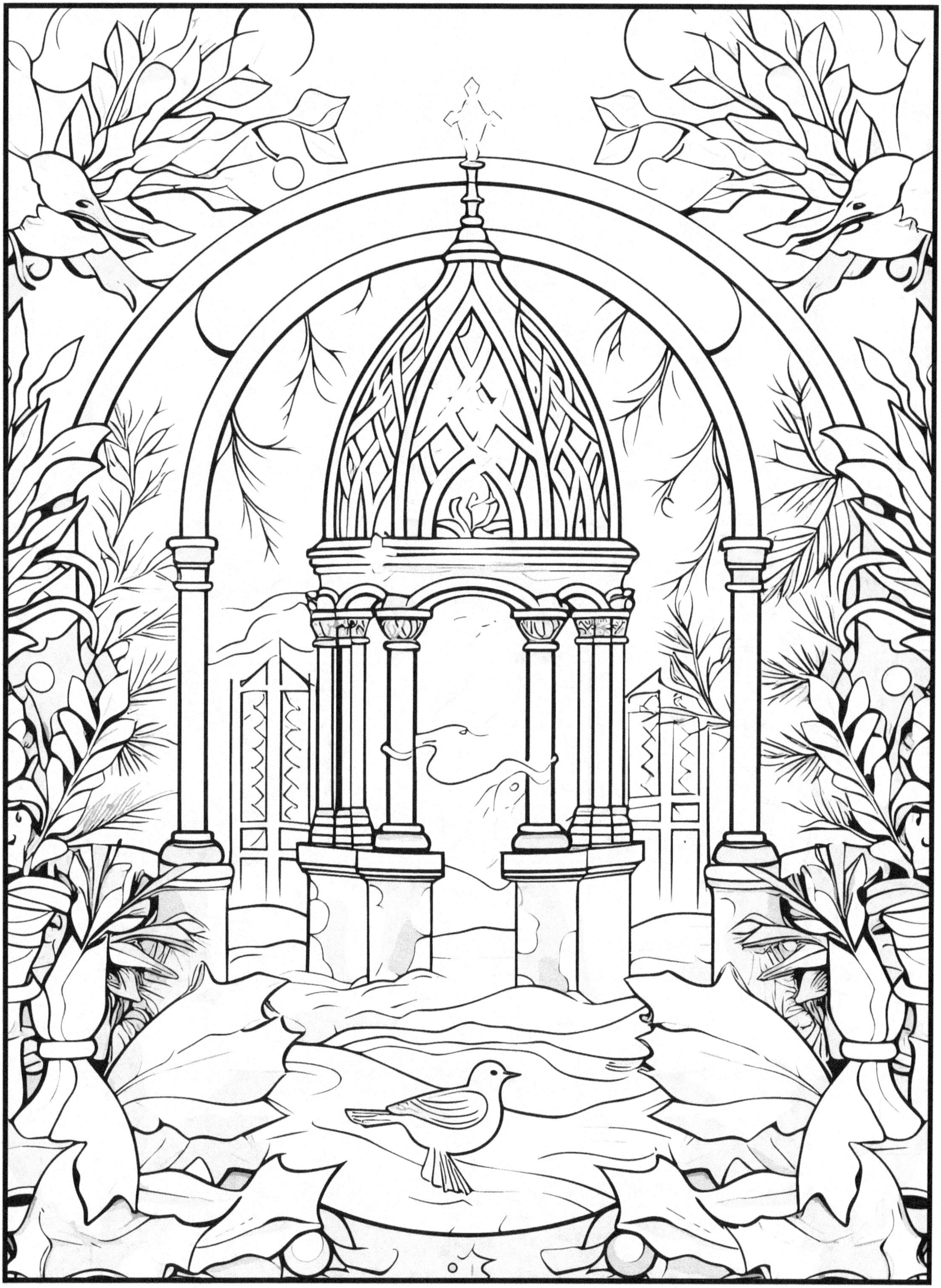

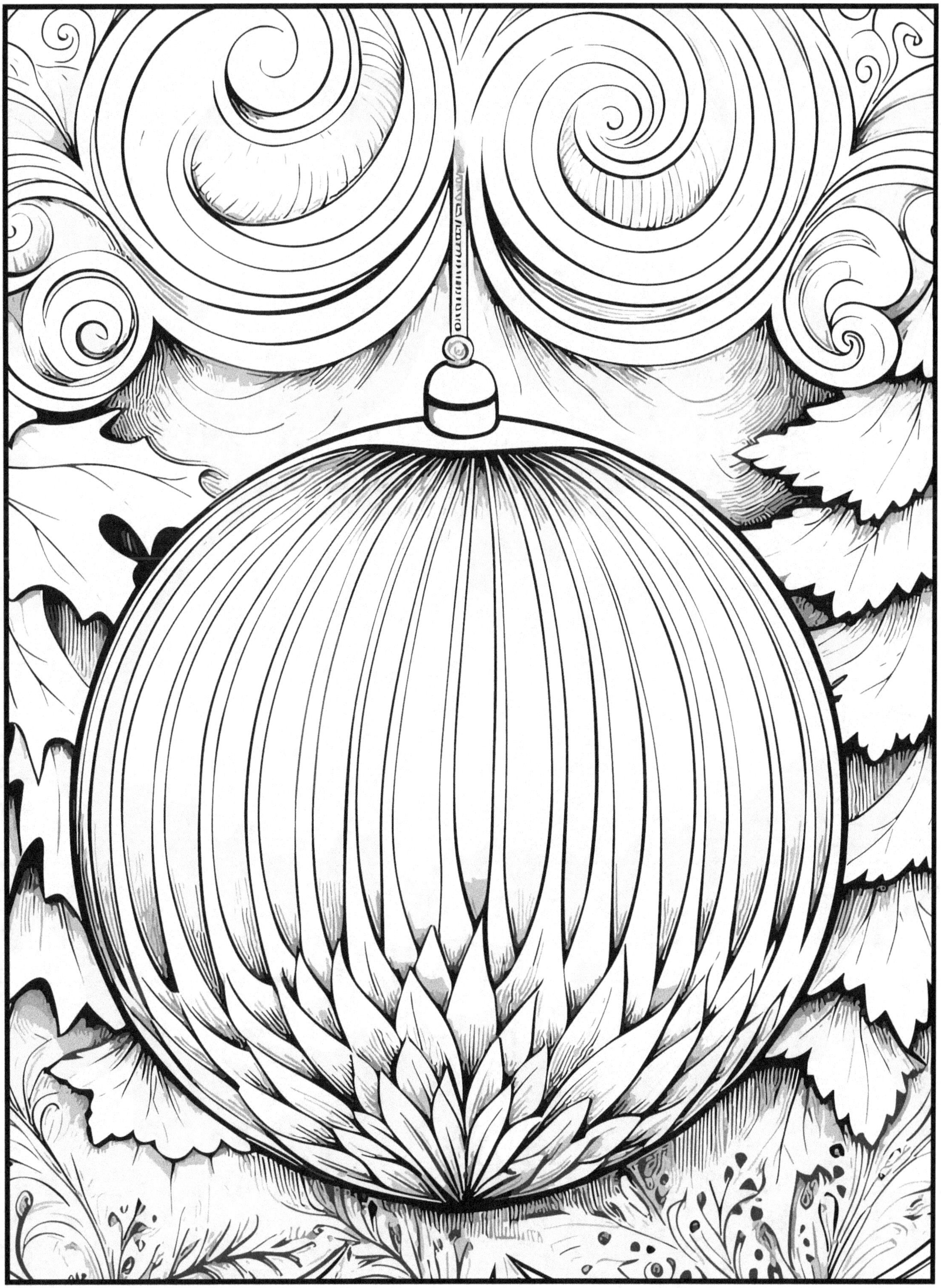

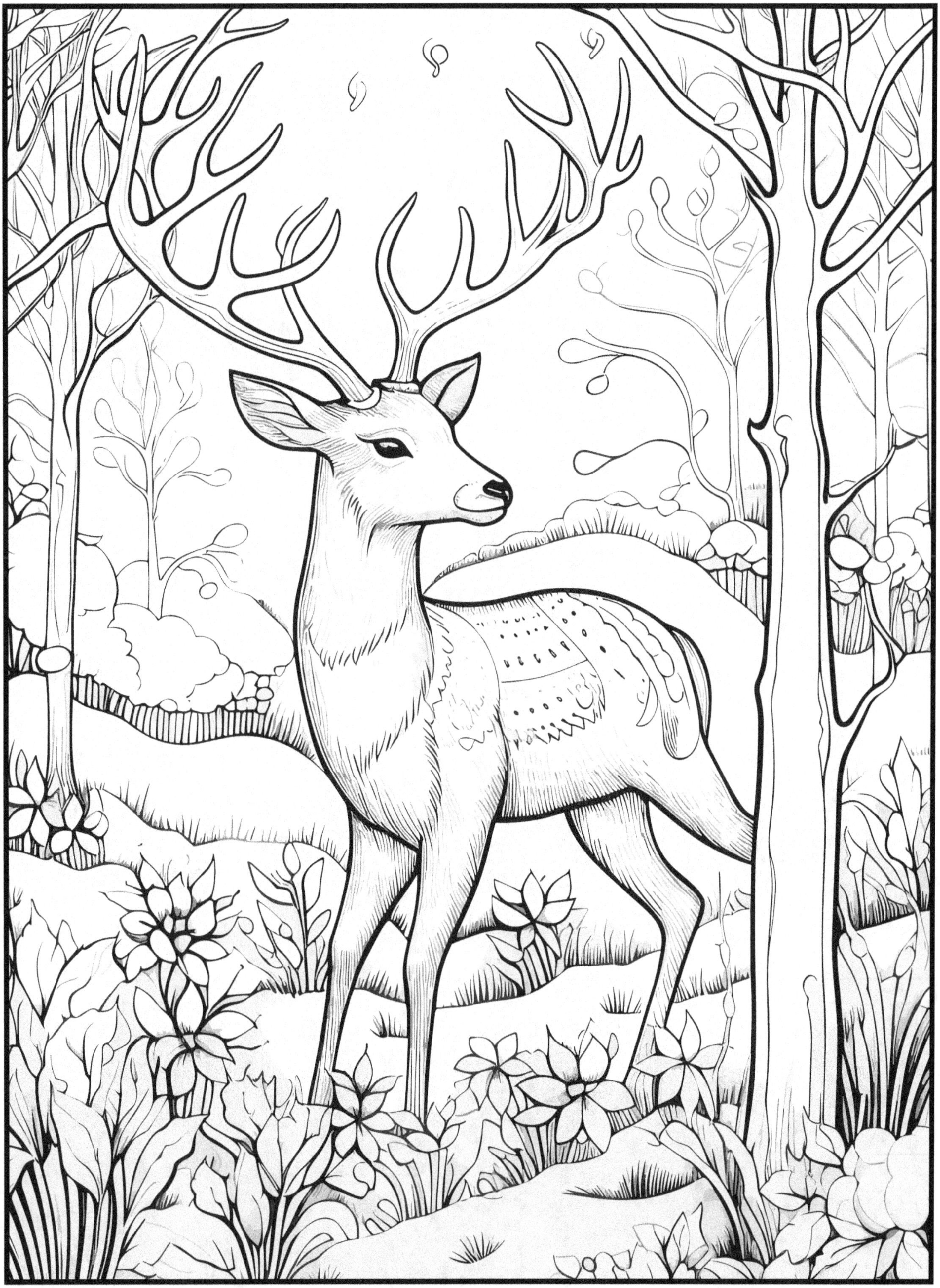

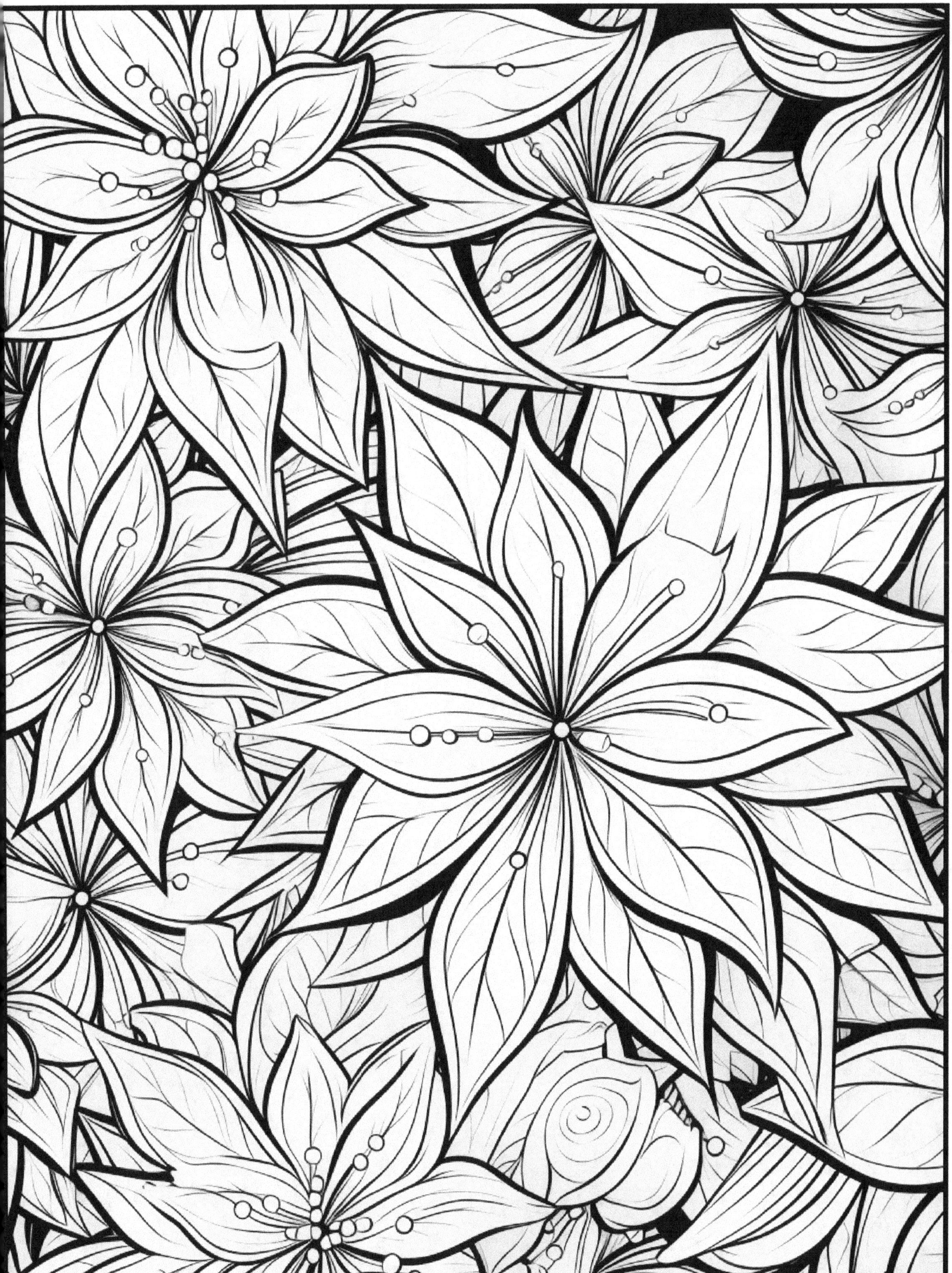

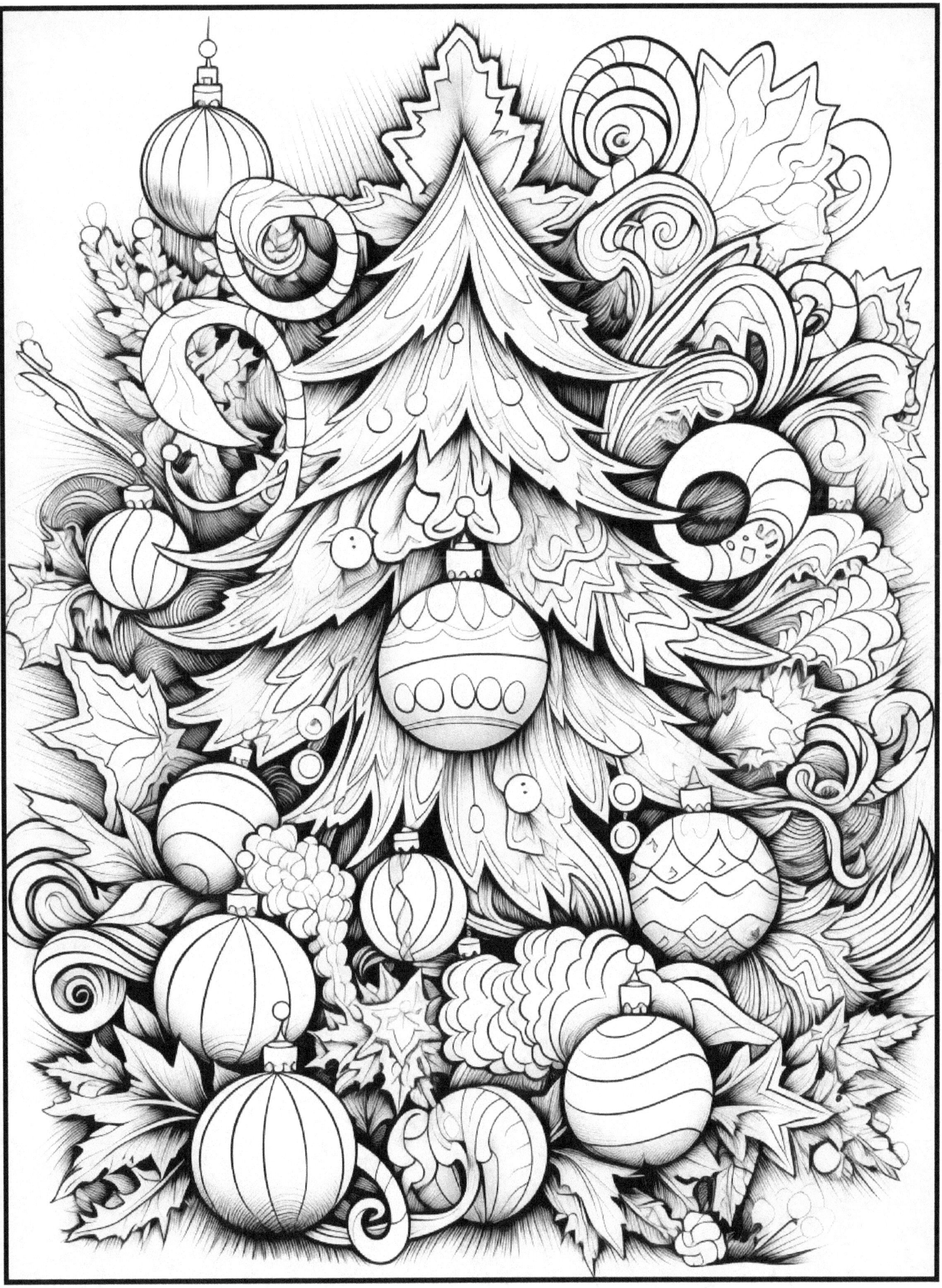

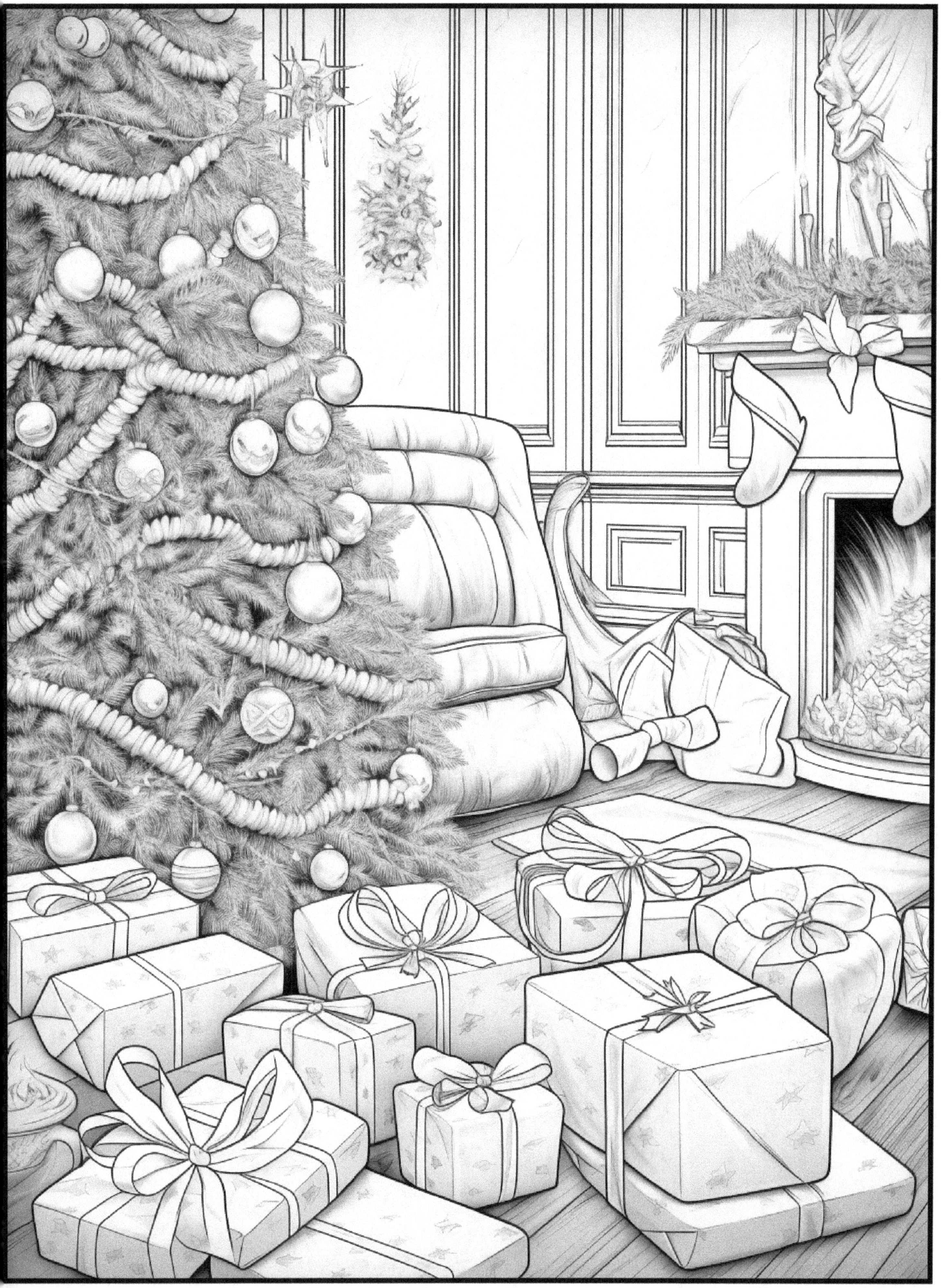

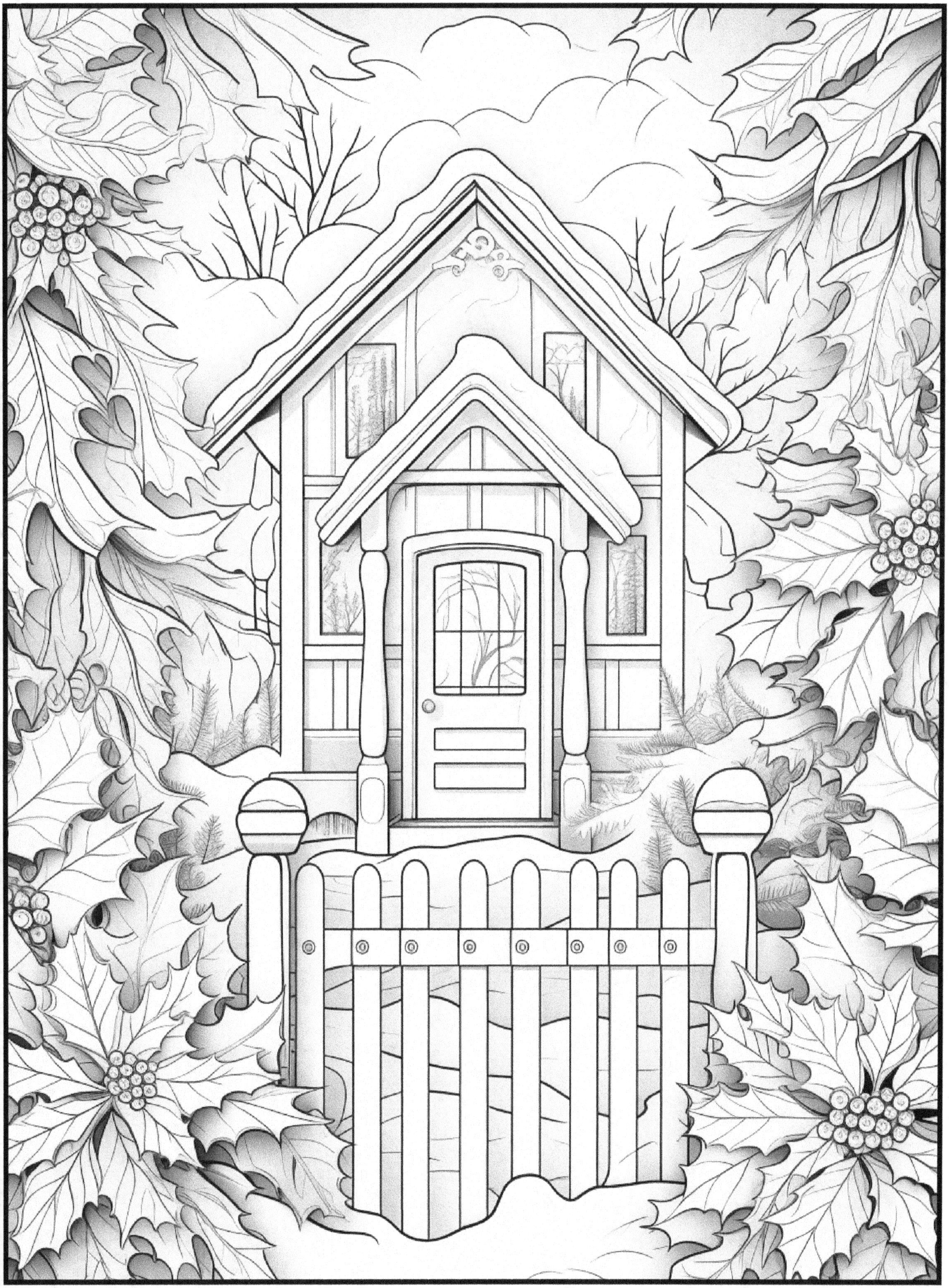

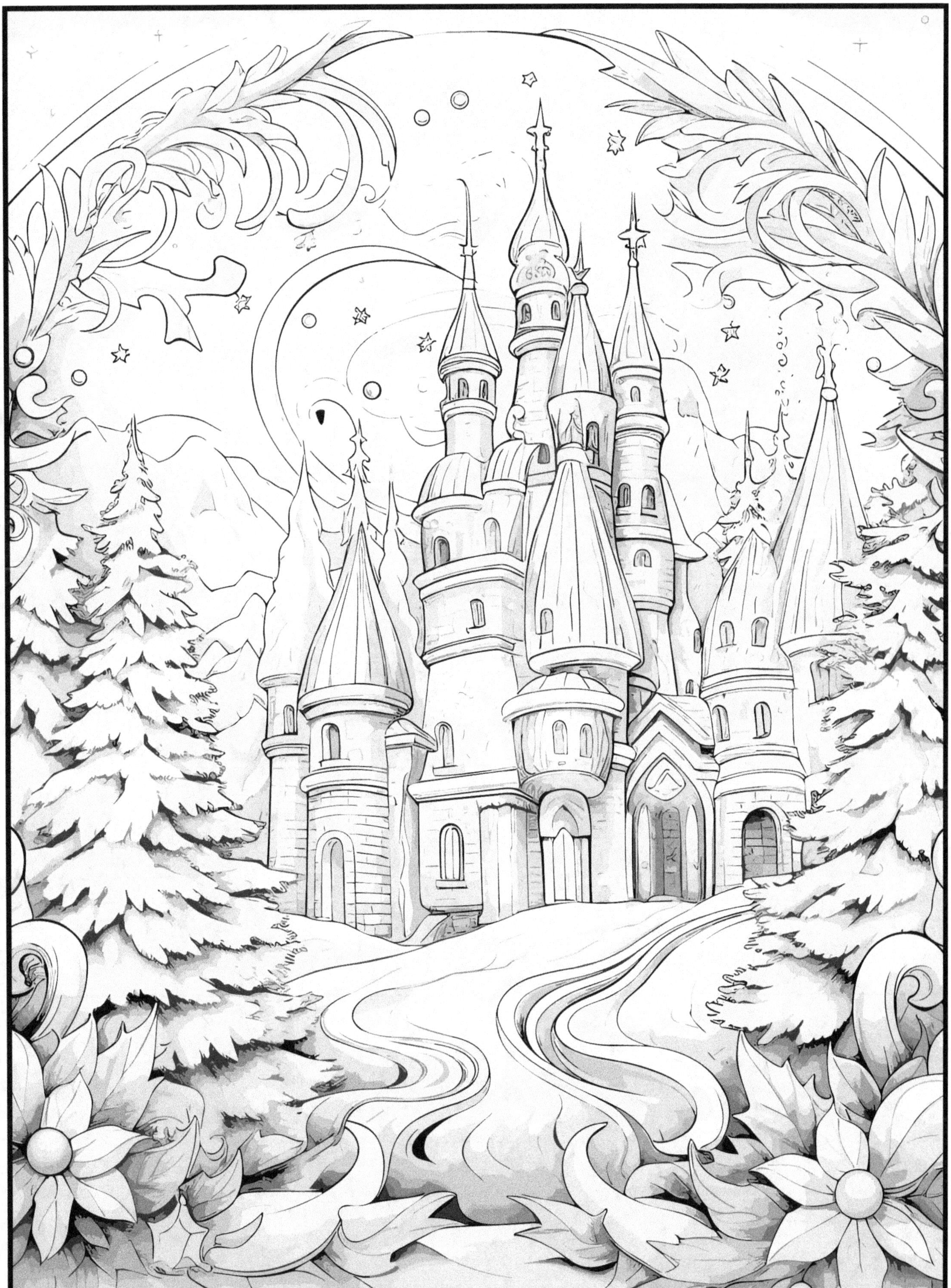

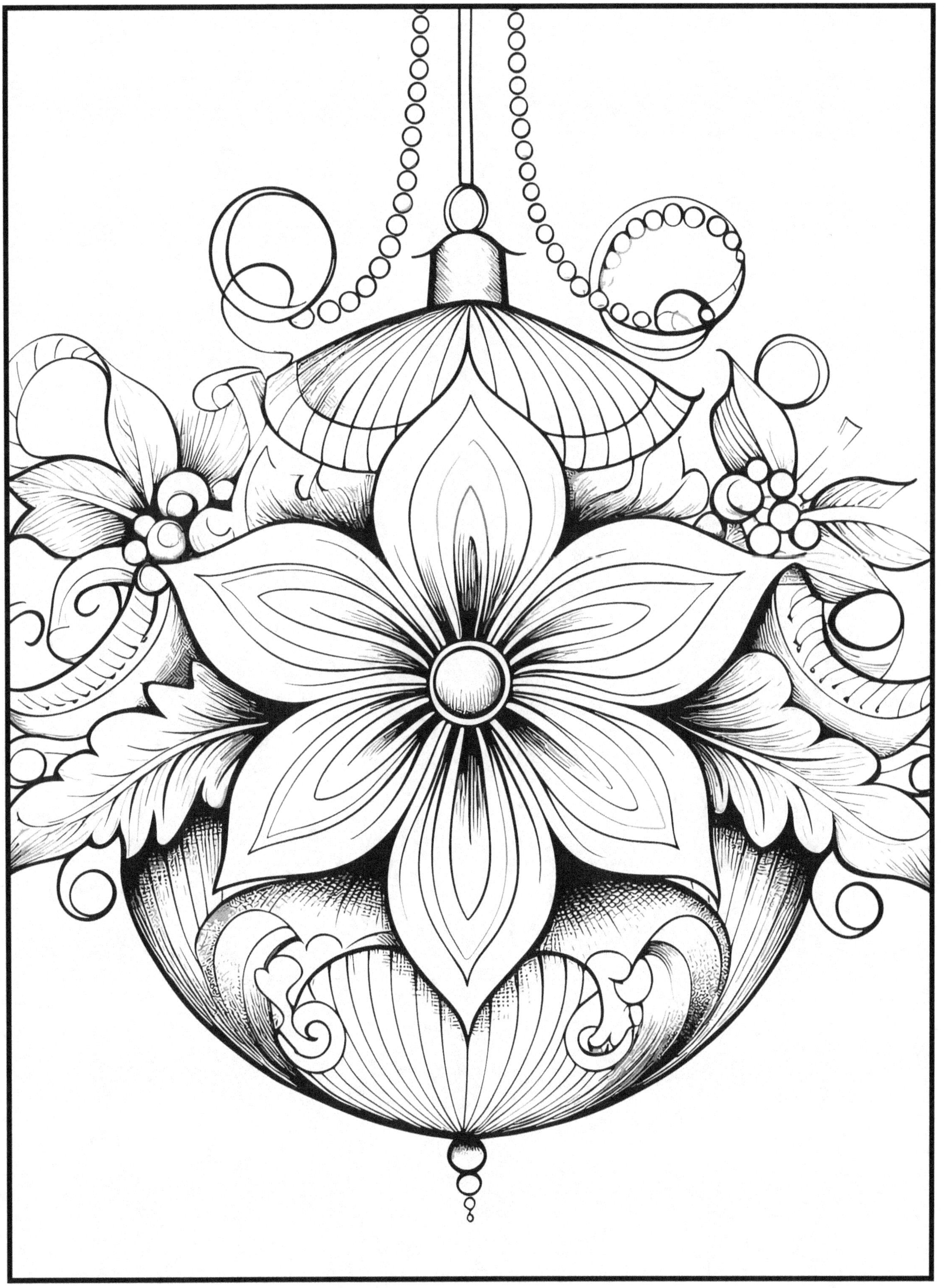

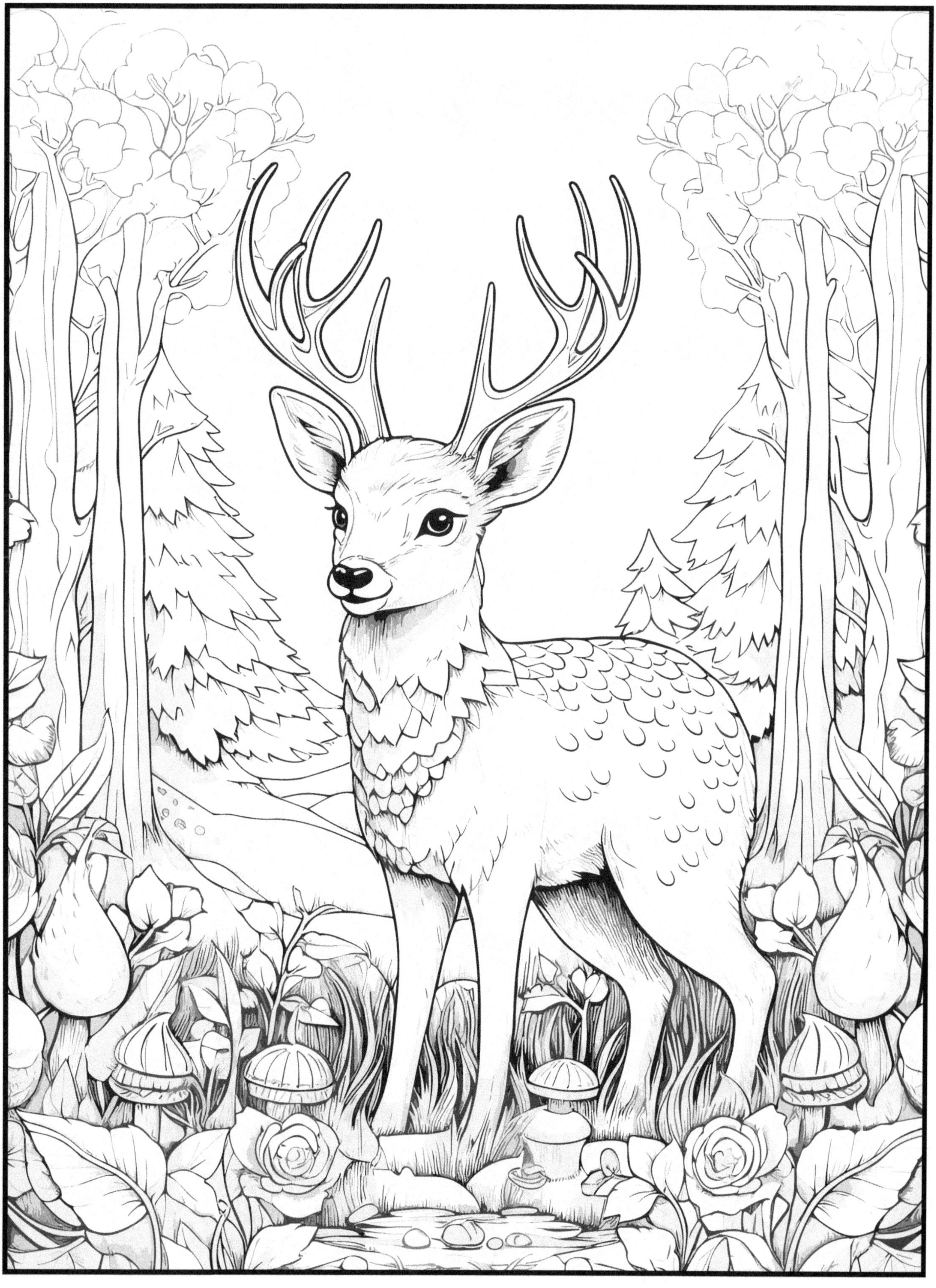

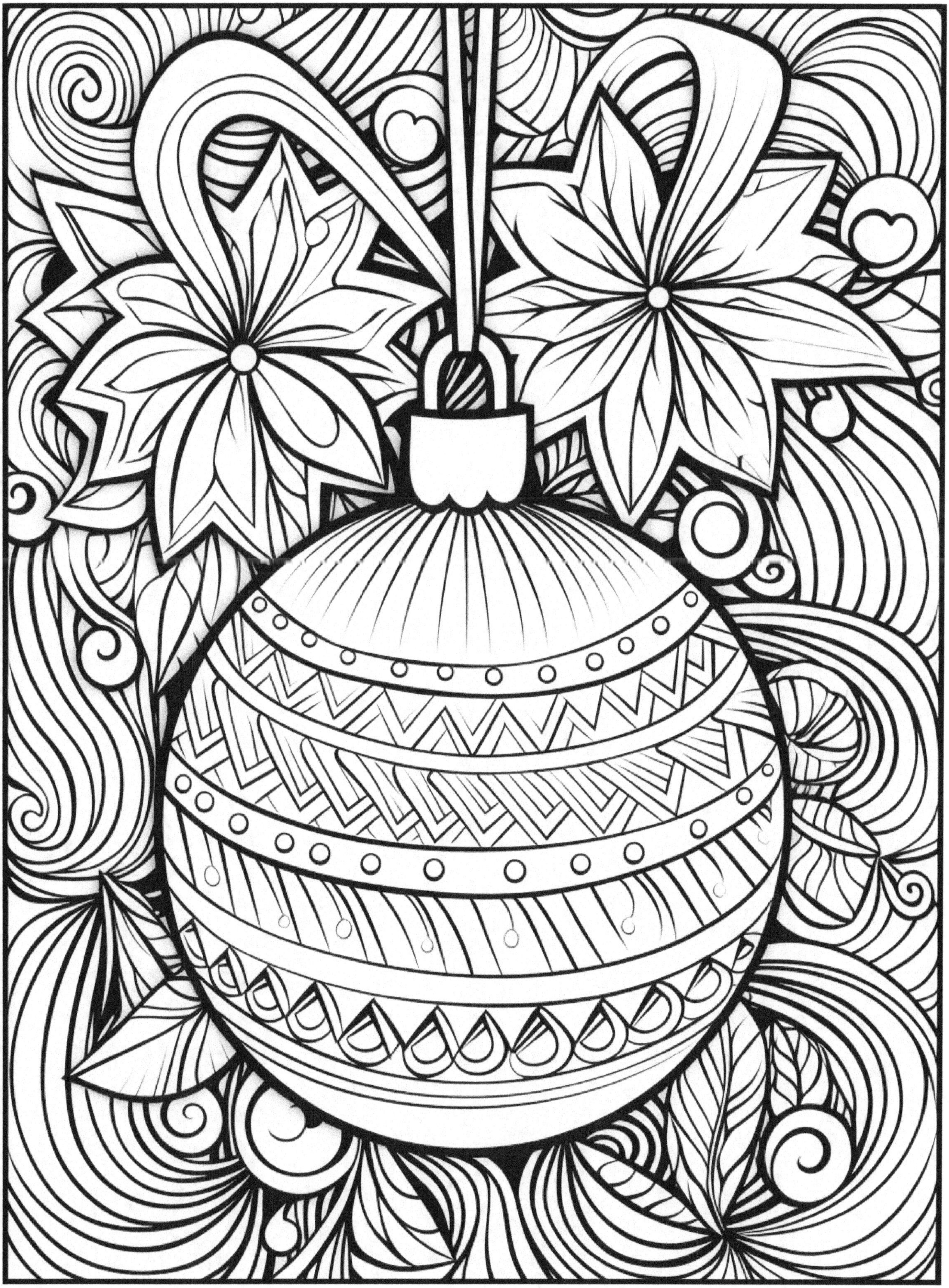

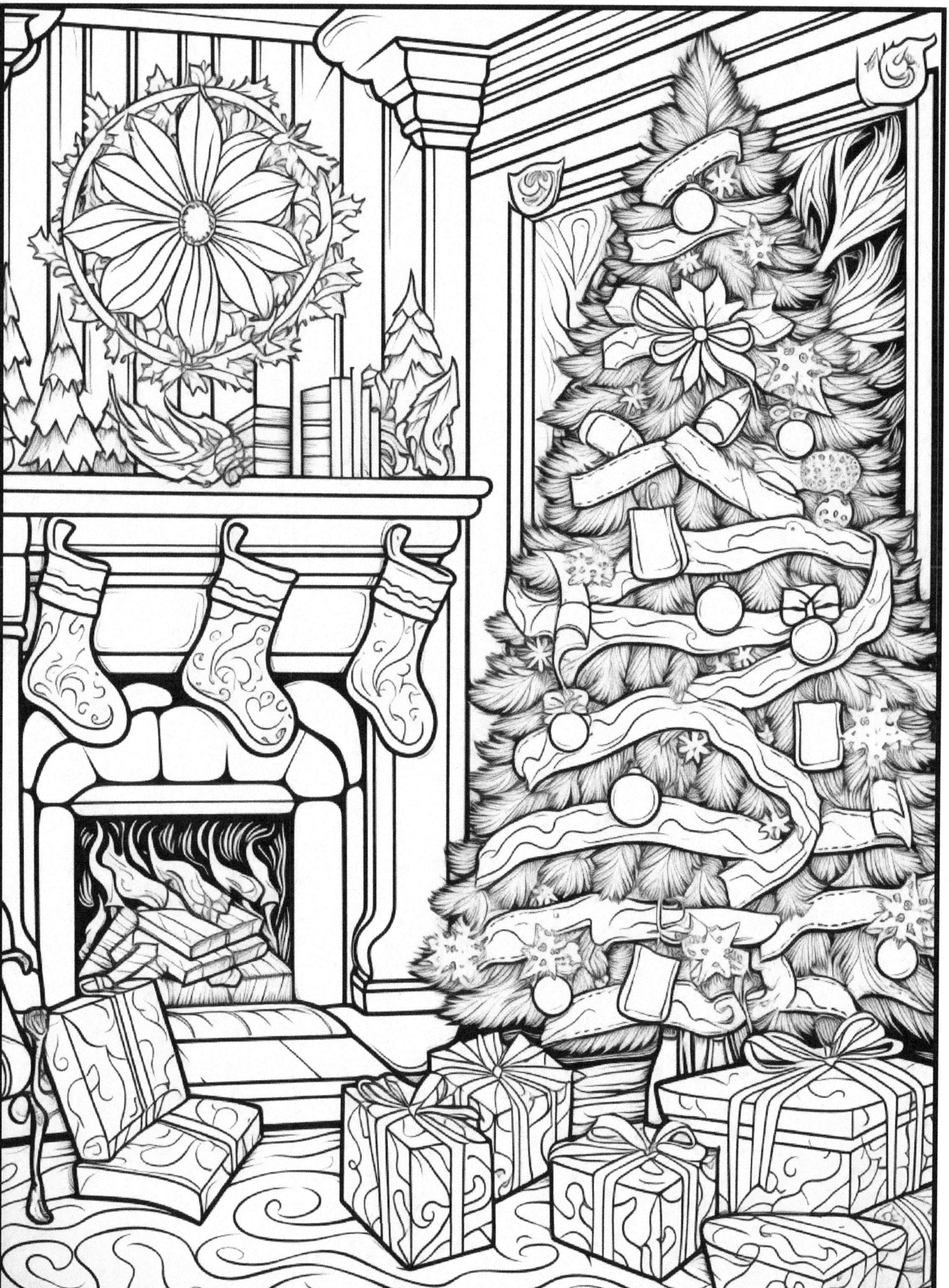

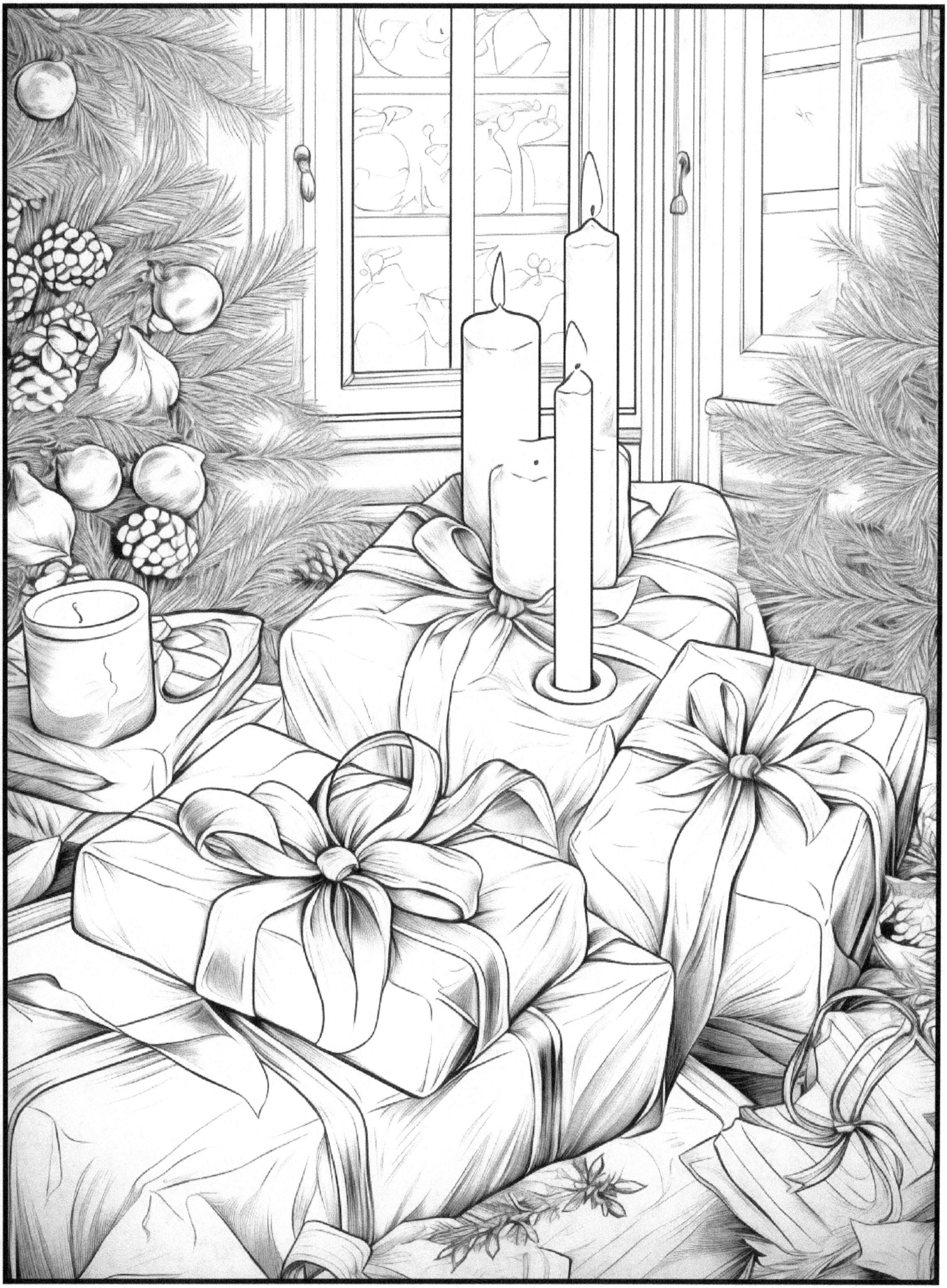

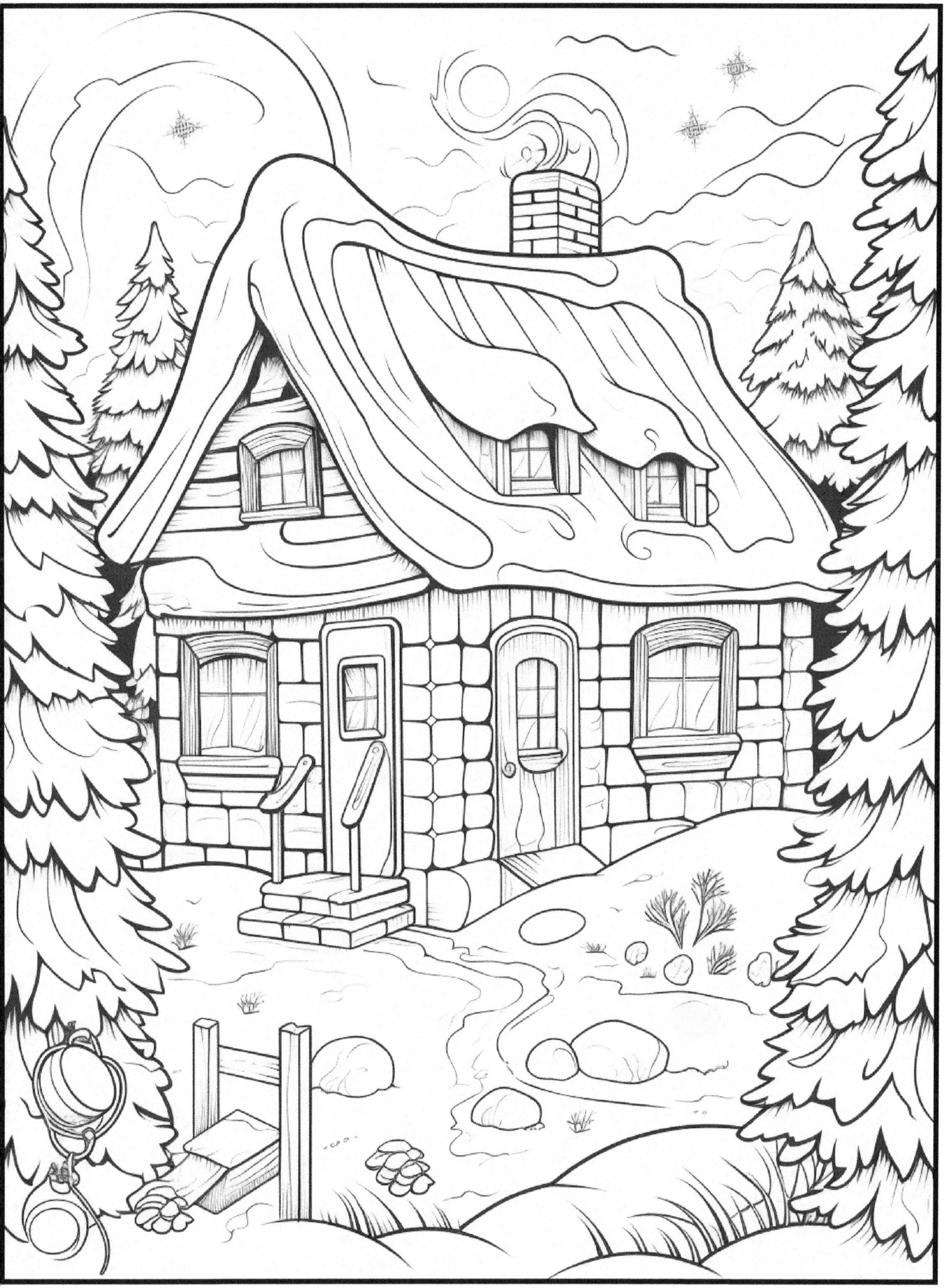

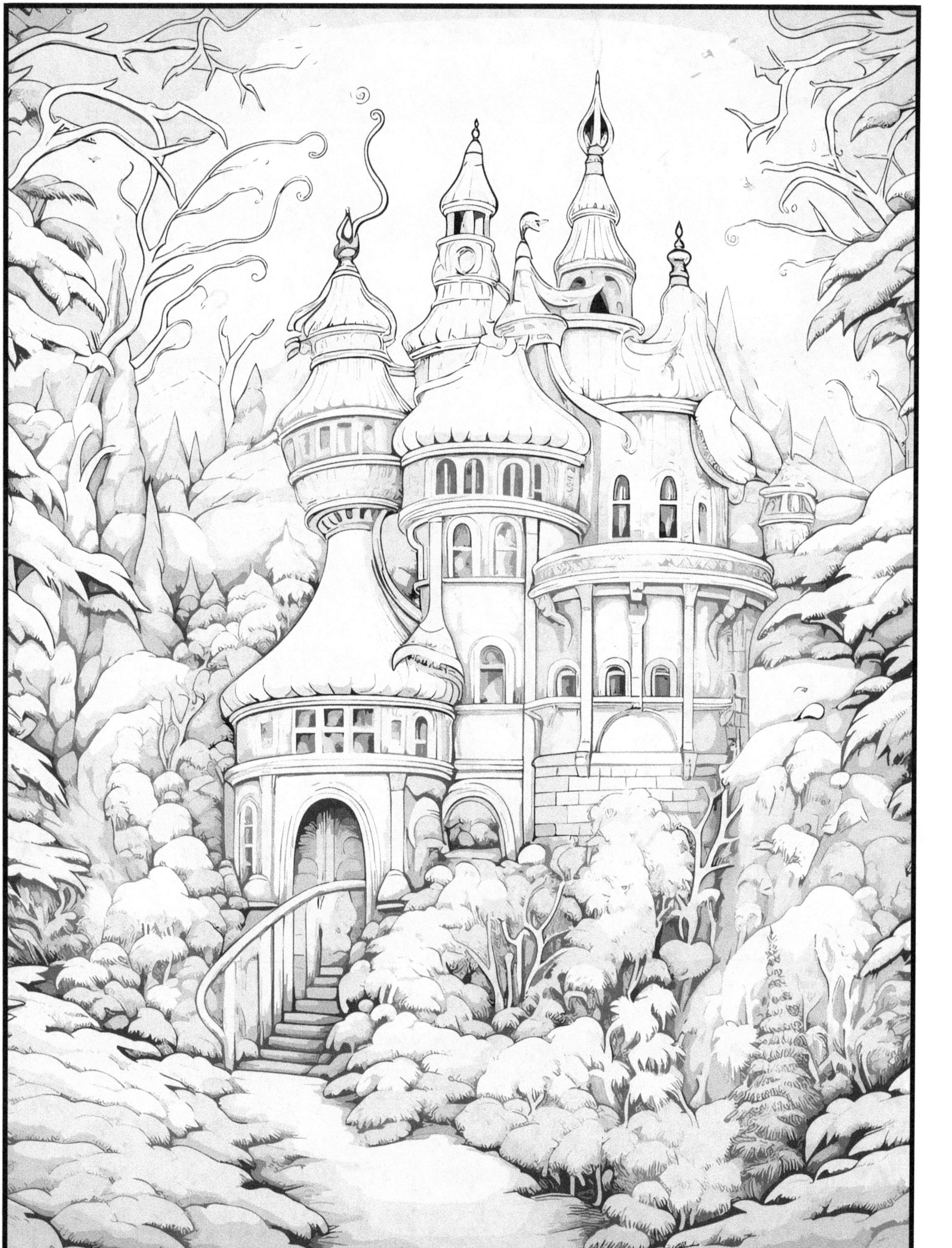

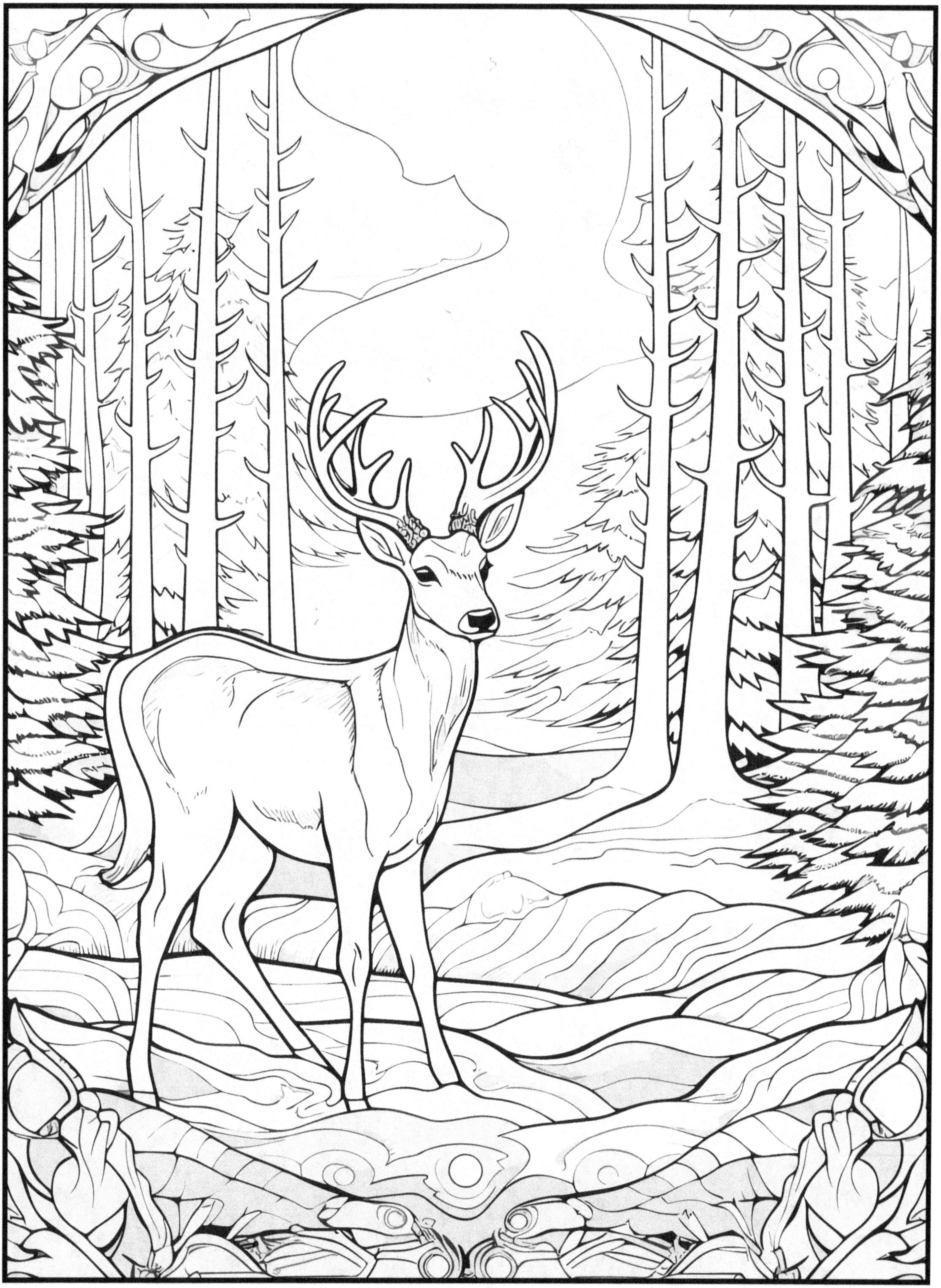

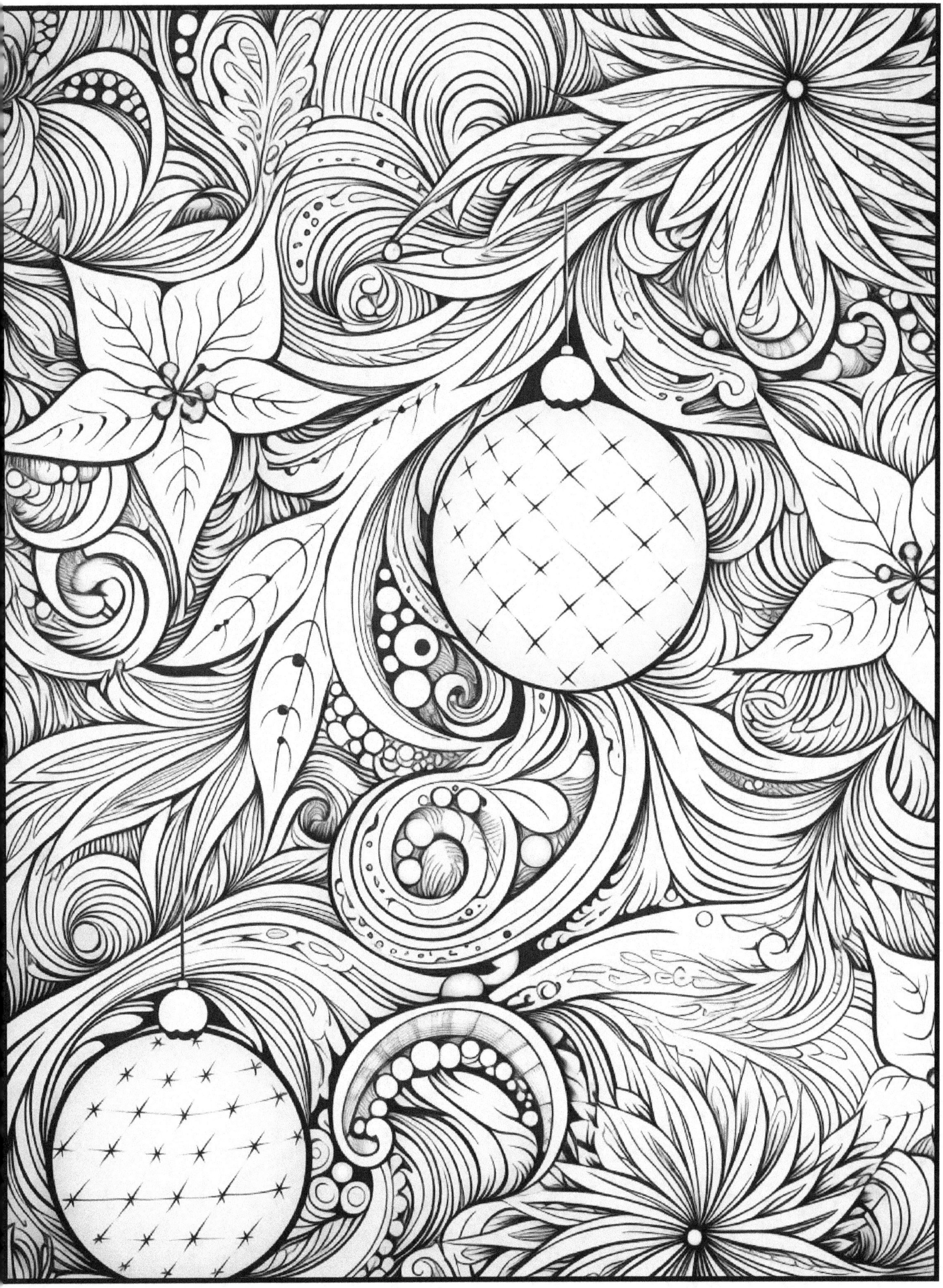

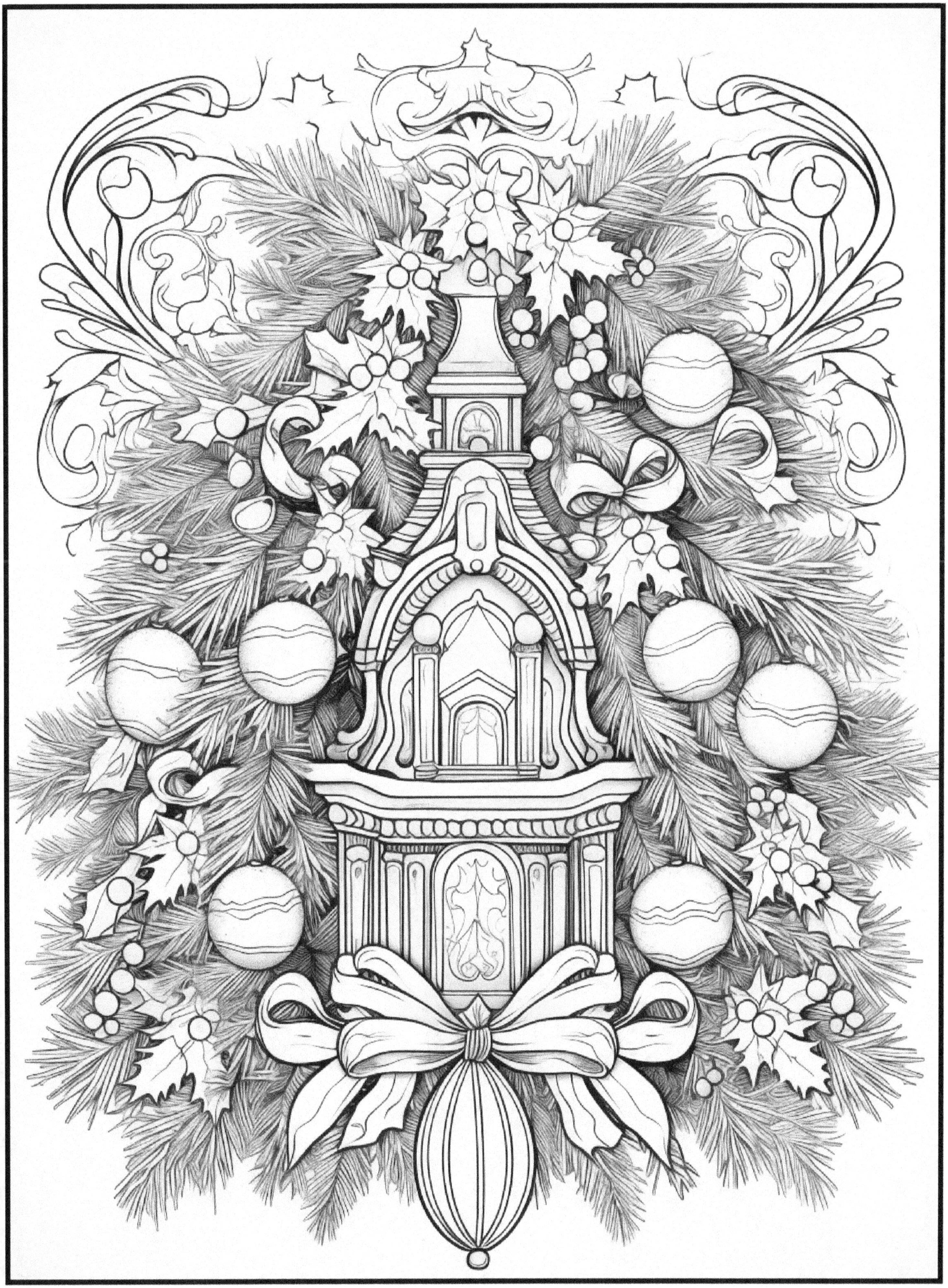

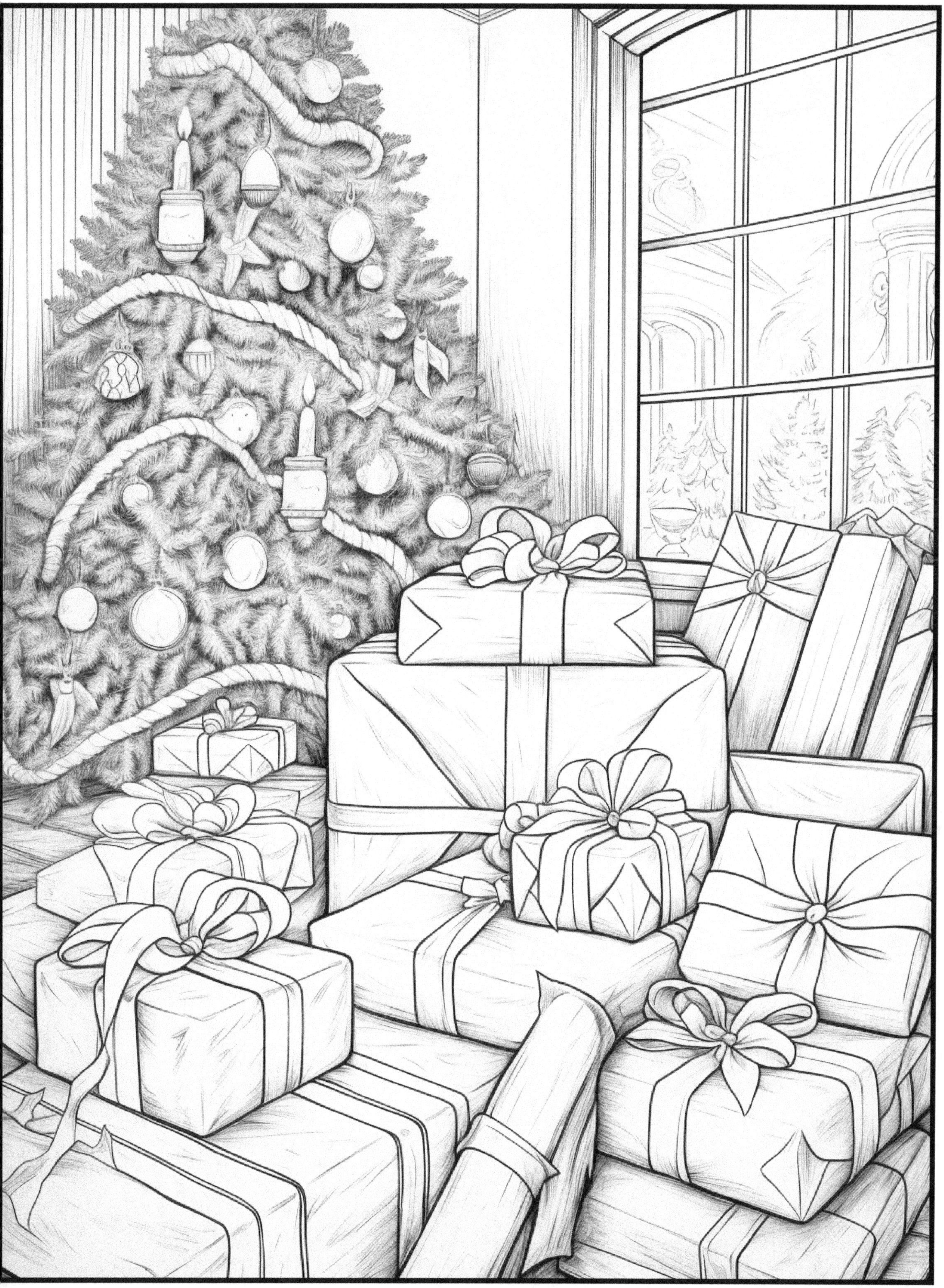

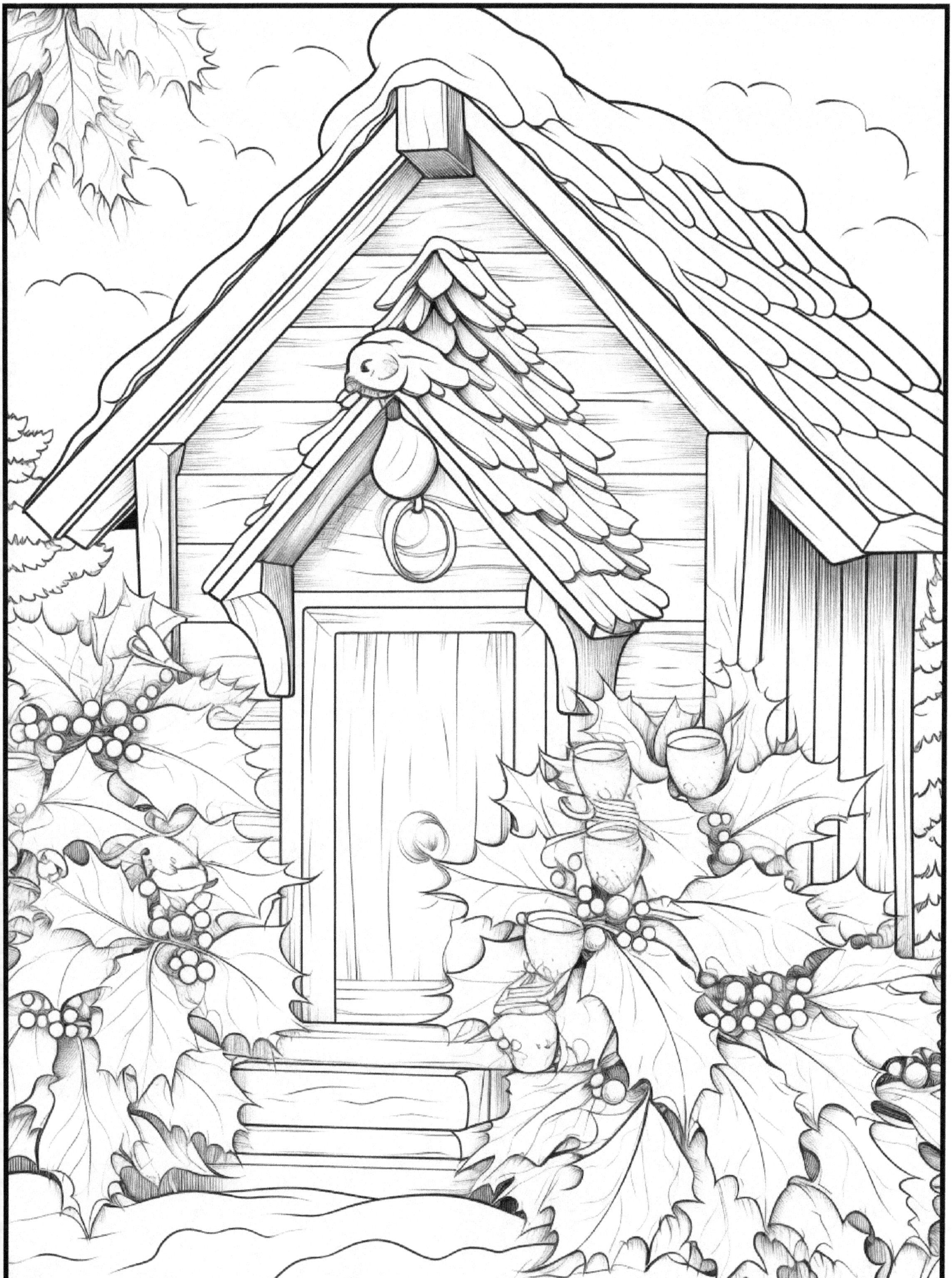

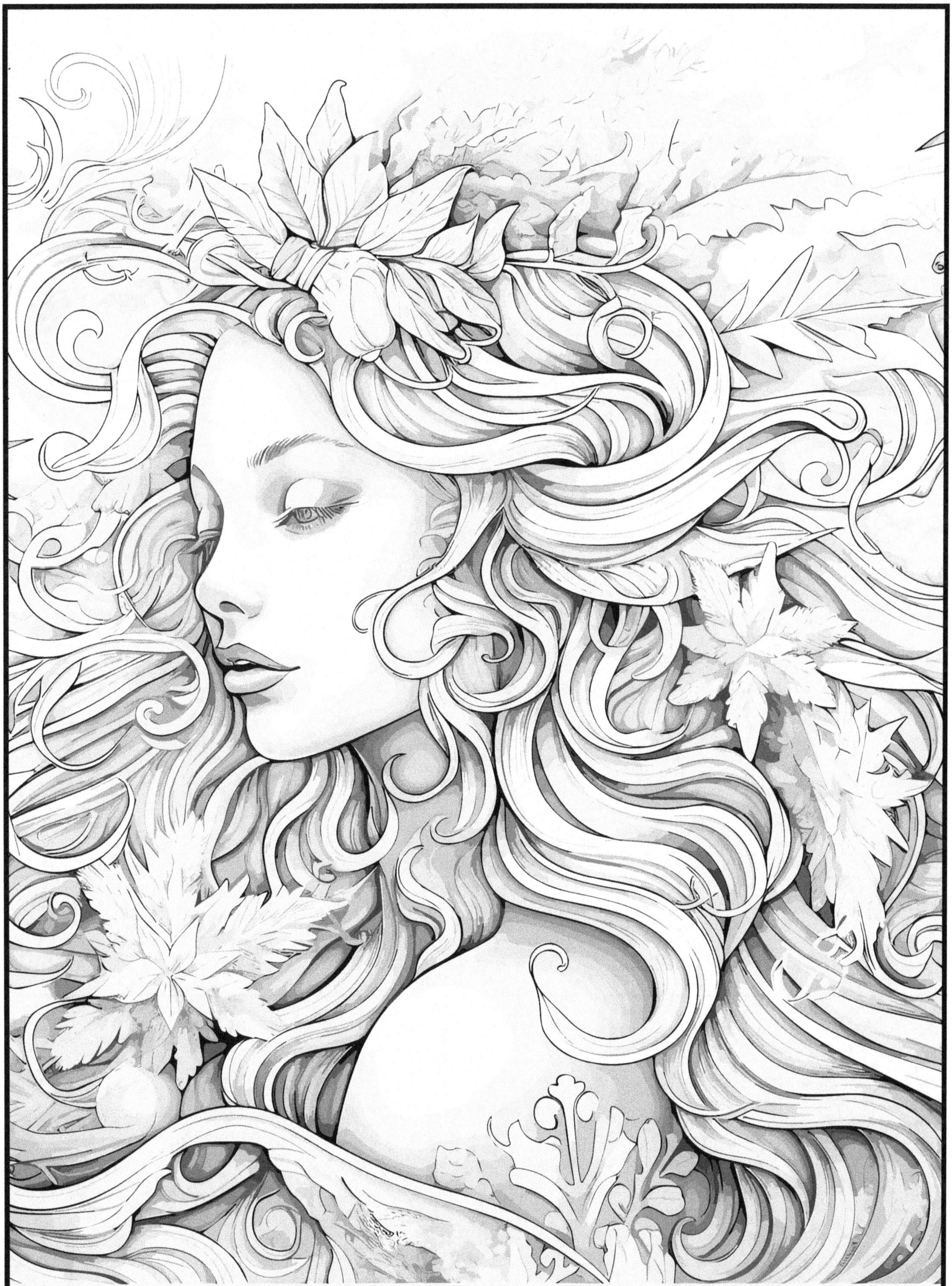

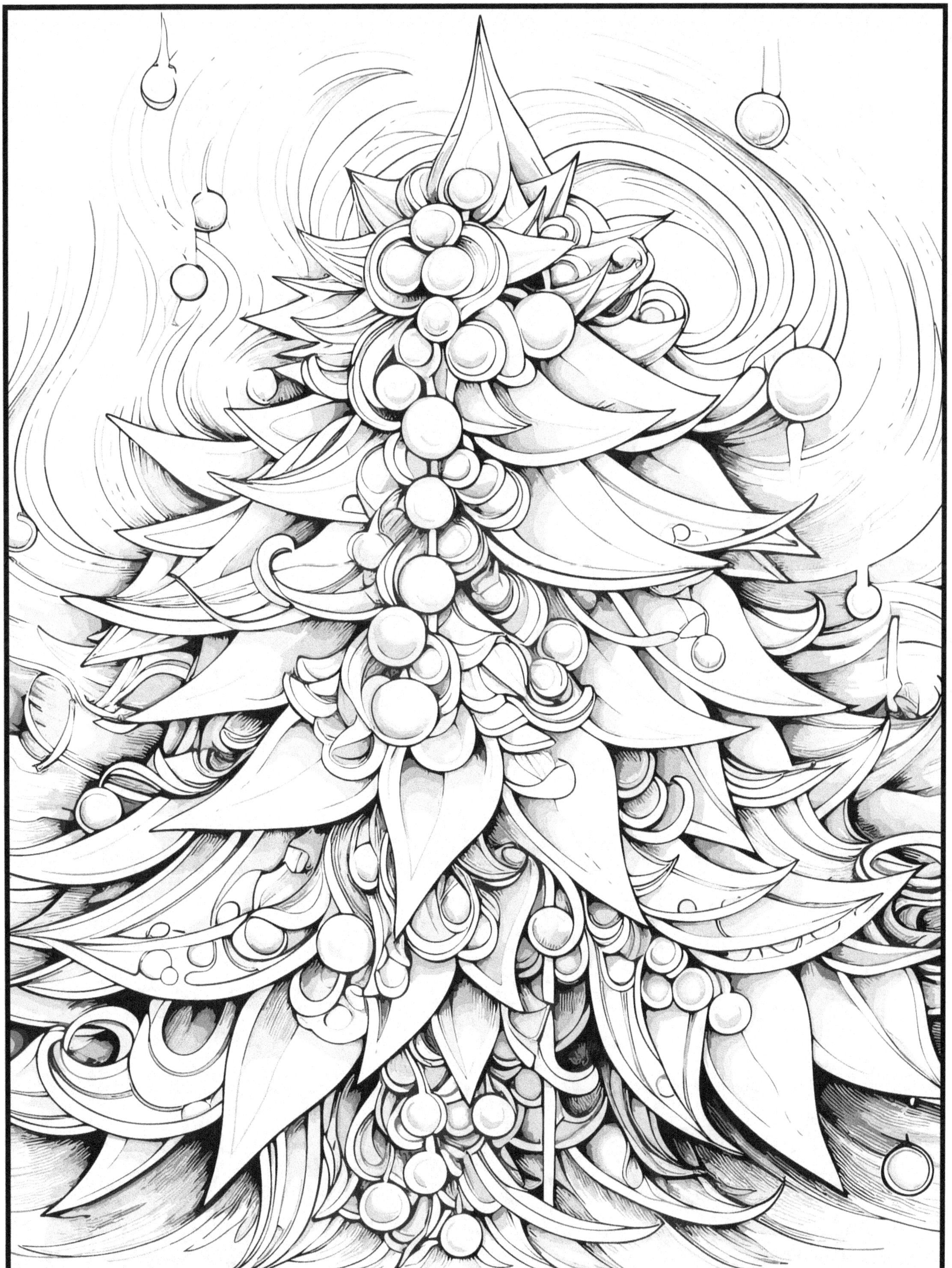

www.ingramcontent.com/pod-product-compliance
Lightning Source LLC
Chambersburg PA
CBHW080105010626
45794CB00015B/3131
* 9 7 9 8 8 6 5 9 2 1 2 1 9 *